clara

Kurze lateinische Texte
Herausgegeben von Hubert Müller

Heft 5

Phaedrus, Fabeln

Bearbeitet von Michael Rachel

Mit 12 Abbildungen

Vandenhoeck & Ruprecht

Liebe Schülerin, lieber Schüler!

Das clara-Heft, das du gerade aufgeschlagen hast, soll dir helfen einen Einstieg in die lateinische Lektüre, insbesondere in die Dichtung zu finden. Du findest auf den folgenden Seiten Originaltexte des Dichters Phaedrus. Die einzelnen Fabeln sind nicht gekürzt. Damit diese Texte auch von denjenigen bewältigt werden können, die gerade erst die Arbeit mit dem Lehrbuch abgeschlossen haben, unterstützen wir eure Arbeit folgendermaßen:

Die Zeichensetzung entspricht der der deutschen Sprache.

In der rechten Spalte sind neben dem Text die Wörter angegeben, die in *Lumina* oder in *Latinum, Ausgabe B*, nicht vorkommen. Wörter aus dem Grund- und Aufbauwortschatz sind dabei rot hervorgehoben; sie sind als Lernvokabeln gedacht und werden nur bei ihrem ersten Vorkommen aufgeführt. Am Ende des Heftes sind sie noch einmal alphabetisch zusammengestellt.

Auch die verschiedenen Informationstexte werden im weiteren Verlauf der Lektüre als Wissen vorausgesetzt.

Informationstexte, Abbildungen, Fragen und Aufgaben helfen die Texte zu erschließen und zu verstehen.

Die Wortstellung ist in der Dichtung sehr viel freier als in der Prosa. Daher ist es oft sinnvoll sich zunächst einen Überblick durch Satzbilder oder Formenbestimmungen zu verschaffen.

Die Auswahl schreitet von – z.B. aus dem Deutschunterricht – bekannten zu eher unbekannten Fabeln voran, in denen nicht mehr nur Tiere vorkommen. Fabeln sind zeitlos: Sie spielen immer auf das Verhalten von Menschen an. Es wird dir daher nicht schwer fallen ihren Inhalt auf Geschehnisse und Menschentypen der heutigen Zeit zu übertragen.

ISBN 978-3-525-71704-2

© 2008, 2002, Vandenhoeck & Ruprecht GmbH & Co. KG, Göttingen
Internet: www.v-r.de
Alle Rechte vorbehalten. Das Werk und seine Teile sind urheberrechtlich geschützt.
Jede Verwertung in anderen als den gesetzlich zugelassenen Fällen bedarf der vorherigen
schriftlichen Einwilligung des Verlages. Hinweis zu § 52a UrhG: Weder das Werk noch
seine Teile dürfen ohne vorherige schriftliche Einwilligung des Verlages öffentlich
zugänglich gemachte werden. Dies gilt auch bei einer entsprechenden Nutzung für Lehr-
und Unterrichtszwecke. Printed in Germany.
Redaktion: Jutta Schweigert, Göttingen / Gestaltung: Markus Eidt, Göttingen
Satz und Lithos: Dörlemann Satz, Lemförde / Druck und Bindung: Hubert & Co. BuchPartner,
Göttingen

Gedruckt auf chlorfrei gebleichtem Papier.

Abbildungsnachweis: Antikenmuseum Basel und Sammlung Ludwig, Inv. BS 290, Foto:
Dieter Widmer: S. 5 – Hubert Müller, Sasbach: S. 37 – Nicolás Piaggio, Göttingen: S. 33 –
Michael Rachel, Lörrach: S. 11, 13, 18, 23, 25, 41 – Jutta Schweigert, Göttingen: Umschlag-
abbildung u. S. 31– »Ulmer Aesop«: S. 4.

Inhalt

Einleitung: Aesop und Phaedrus 4

   1 Prologus ad librum primum *(prol. I)* 6
   2 Phaedrus über einen Kritiker *(aus IV 22)* 6

Fabeln

   3 Vulpes et corvus *(I 13)* 8
   4 De vulpe et uva *(IV 3)* 10
   5 Cornix et ovis *(App 26)* 10
       Variationen über das Thema »Fuchs und Rabe« 12
       Verschiedene Dichter über »Der Fuchs und die Traube« 12
   6 Vulpes et caper *(IV 9)* 14
   7 Vulpes et ciconia *(I 26)* 16
   8 Lupus et gruis *(I 8)* 18
   9 Canis per fluvium carnem ferens *(I 4)* 19
  10 Lupus ad canem *(III 7)* 20
  11 Cervus ad fontem *(I 12)* 22
  12 Pavo ad Iunonem de voce sua *(III 18)* 24
  13 Rana rupta et bos *(I 24)* 26
  14 Ranae ad Solem *(I 6)* 27
  15 Muli duo et latrones *(II 7)* 28
  16 Equus et aper *(IV 4)* 30
  17 Taurus et vitulus *(V 9)* 31
  18 Asinus ad lyram *(App 14)* 32
  19 Pullus ad margaritam *(III 12)* 32
  20 Calvus et musca *(V 3)* 34
  21 Serpens: misericordia nociva *(IV 20)* 35
  22 Aesopus respondet garrulo *(III 19)* 36
  23 Aesopus et servus profugus *(App 20)* 38
  24 Arbores in deorum tutela *(III 17)* 40
  25 De oraculo Apollinis *(App 8)* 42

Lernwortschatz 44

Einleitung

Aesop. Holzschnitt aus dem sog. »Ulmer Aesop«, 15. Jh.

Aesop und Phaedrus

»Aesopus auctor«: Mit diesen Worten beginnt das Werk des Phaedrus, von dem in fünf Büchern und einem später hinzugefügten Anhang 126 *fabulae* erhalten sind. Über Aesop, das griechische Vorbild des Phaedrus, gibt es nur volkstümliche Erzählungen. So sei er ein buckliger phrygischer Sklave gewesen, der von seinem Herrn freigelassen wurde. Er lebte im 6. Jh. v.Chr. und galt als »Erfinder« der Gattung Fabel, obwohl Fabeln bereits in anderen Kulturen als der griechischen existierten. Ihm wurden alle Fabeln unbekannten Ursprungs zugeschrieben.

Informationen über Phaedrus beziehen wir größtenteils aus seinen Dichtungen, vor allem aus den Prologen und Epilogen; manchmal geht er aber auch in einzelnen Gedichten auf sein Verhältnis zu seinem griechischen Vorbild Aesop ein (vgl. Text 1 und 2) oder auf Kritiker oder auf die Eigenheiten der Gattung Fabel. So erfahren wir, dass Phaedrus aus Makedonien stammt, als Kind nach Rom gebracht und von Augustus freigelassen wurde. Er lebte von ca. 15 v.Chr. bis 50 n.Chr. Wegen einer angeblichen Verleumdung in einem Gedicht war er einmal angeklagt und verurteilt worden. Sein umfangreiches Werk ist uns nur bruchstückhaft überliefert; er ist damit zu Lebzeiten nicht berühmt geworden.

Phaedrus? Marmorrelief.

1 Prologus ad librum primum

prologus: Vorwort

Aesopus auctor quam materiam repperit,
hanc ego polivi versibus senariis.

reperīre, repperī, repertum: finden, wiedergewinnen
polīre, polīvī, polītum: glätten, ausarbeiten
sēnārius: aus sechs Jamben bestehend; s. Informationstext »versus senarius«

Duplex libelli dos est:

duplex, icis: doppelt
libellus: s. Informationstext »Das Deminutivum«
dōs, dōtis f.: Gabe

quod risum movet
5 et quod prudenti vitam consilio monet.

rīsus, ūs m.: das Lachen, Gelächter
prūdens, ntis: klug
monēre, monuī, monitum: erinnern, (er)mahnen

Calumniari si quis autem voluerit,
quod arbores loquantur, non tantum ferae,
fictis iocari nos meminerit fabulis.

calumniārī: bemängeln, kritisieren
voluerit: *übersetze:* möchte
tantum *Adv.*: nur
fera = bēstia
fingere, fīnxī, fictum: bilden, erdichten
iocārī: scherzen
meminisse: gedenken, sich erinnern;
meminerit: *übersetze:* er möge sich erinnern
fābula: Geschichte, Erzählung

2 Phaedrus über einen Kritiker

Quicquid putabit esse dignum memoria,
Aesopi dicet; si quid minus arriserit,
a me contendet fictum quovis pignore.

quicquid (= quidquid): was auch immer; alles, was
Aesōpus: *s. Einleitung, S. 4*
Aesōpī: *erg.* esse
minus: weniger
arrīdēre, rīsi, rīsum: (zulächeln), zusagen
contendere, tendī: sich anstrengen, eilen, kämpfen, behaupten
quōvīs pīgnore: um jeden Preis

Quem volo refelli iam nunc responso meo:

refellere: zurückweisen, widerlegen
respōnsum: Antwort, Bescheid

5 Sive hoc ineptum sive laudandum est opus:
invenit ille, nostra perfecit manus.

sīve ... sīve ...: sei es (dass) ... sei es (dass)
ineptus: unbrauchbar, läppisch

Das Deminutivum
Die Suffixe -ulus, -olus, -ellus, -culus bezeichnen eine Verkleinerung: **Deminutivum**. Dieses hat in der Regel das Geschlecht des Stammwortes. Beispiele: *libellus* zu *liber, libri*; *fabella* zu *fabula*; *vulpecula* zu *vulpes* (Fuchs); *musculus* zu *mus* (Maus); *filiola* zu …?

versus senarius: Der (jambische) Senar
Ein Jambus besteht aus einer Kürze (∪) und einer Länge (–).
Theoretisch hat der jambische Senar sechs solcher Jamben:

1	2	3	4	5	6
∪ –	∪ –	∪ –	∪ –	∪ –	∪ –

Z.B.: quŏd ā́r-bŏ-rḗs lŏ-quā́n-tŭr nṓn tăn-tū́m fĕ-raḗ

Häufig sind jedoch Änderungen wie beispielsweise eine Doppelkürze statt der Länge nötig, um Sprache in diesem Versmaß angemessen unterzubringen. Das wellenartige Fließen der sich abwechselnden Längen und Kürzen bleibt aber stets spürbar.

Ein anderer **Prolog** hat folgenden Inhalt: Fabeln wollen durch Aufzeigen von Beispielen bewirken, dass Menschen Fehler und Schwächen erkennen und sich um Besserung bemühen. Der Fabeldichter verwendet Scherze nur, um die Aufmerksamkeit der Leser zu gewinnen und dadurch etwas zu bewirken. Ich selbst werde sorgfältig den Stil meines Vorläufers Aesop bewahren; wenn ich trotzdem einmal davon abweichen sollte, um durch etwas Abwechslung die Sinne zu erfreuen, dann, lieber Leser, nimm es wohlwollend auf, soweit wenigstens die Kürze Aesops gewahrt bleibt.

1 Der Dichter Horaz (65–8 v.Chr.) sagt über die Dichtkunst: *Aut prodesse volunt aut delectare poetae.* Wo nimmt Phaedrus im *prologus ad librum primum* diese Auffassung von Dichtung auf? Zitiere die entsprechenden Stellen auf Lateinisch.
2 Formuliere auf Deutsch die einzelnen Kritikpunkte, mit denen sich Phaedrus in Text 2 offensichtlich auseinander setzt. Wie widerlegt er die einzelnen Punkte?
3 Welchen Anteil an seinen Fabeln hat Phaedrus, wenn er den Stoff von Aesop übernommen hat? Belege deine Antwort mit Zitaten aus den Texten.

3 Vulpes et corvus

Qui se laudari gaudet verbis subdolis,
sera dat poenas turpes paenitentia.

Cum de fenestra corvus raptum caseum
comesse vellet celsa residens arbore,
5 vulpes hunc vidit, deinde sic coepit loqui:

»O, qui tuarum, corve, pennarum est nitor!
Quantum decoris corpore et vultu geris!
Si vocem haberes, nulla prior ales foret.«

At ille stultus, dum vult vocem ostendere,
10 emisit ore caseum, quem celeriter
dolosa vulpes avidis rapuit dentibus.

Tum demum ingemuit corvi deceptus stupor.

vulpēs, is *f.*: Fuchs
corvus: Rabe

subdolus: hinterlistig, trügerisch
sērus: spät, zu spät
poenās dare: bestraft werden, büßen
turpis, e: hässlich, schändlich
paenitentia: Reue
fenestra: Fenster
cāseus: Käse
comēsse = comedere: aufessen, verspeisen
celsus: hoch
residēre = sedēre
deinde: darauf, ferner
sīc: so
quī, quae, quod *(in Frage oder Ausruf)*: welcher
penna: Feder
nitor, ōris *m.*: Glanz
quantus: wie groß, wie viel
decus, coris *n.*: Ehre, Zierde, Schönheit
prior, oris: der erstere, frühere, vorzüglichere
āles, itis *m./f.*: Vogel
foret = esset
ostendere, tendī: entgegenstrecken, zeigen
ēmittere, mīsī, missum: losschicken, loslassen
dolōsus: arglistig, trügerisch
avidus: gierig
dēns, dentis *m.*: Zahn
dēmum *Adv.*: zuletzt, endlich, erst
ingemīscō, gemuī: aufseufzen
dēcipere, iō, cēpī, ceptum: täuschen
stupor, ōris *m.*: Stumpfsinn, Dummheit

Gliederung einer Fabel

Fabeln lassen sich in folgende Bausteine einteilen:
A: Moral/Lebensregel (als Vorwort und/oder als Nachwort)
B: Ausgangssituation
C: Handlung, oft mit einer Gegenhandlung
D: Ausgang oder Ergebnis

Charakter der Akteure

Die Handlungsträger der Fabeln stellen bestimmte Typen dar, die meist auf eine Haupteigenschaft reduziert sind (Typisierung). Diese Eigenschaft ist dem menschlichen Bereich entnommen (Vermenschlichung). Wenn es zwei Handlungsträger gibt, stehen deren Wesenszüge oft im Gegensatz zueinander (Polarisierung).

Stilistik

Alliteration: Mehrere hintereinander stehende Wörter fangen mit demselben Konsonanten an: »Milch macht müde Männer munter«.

Enallage: griech. Wort für »Vertauschung«: Ein Wort, meist ein Adjektiv, bezieht sich formal auf ein Substantiv, zu dem es dem Sinn nach nicht passt: »der von warmem Blut noch *frische* Ort«

1 Gliedere die Fabel mit Angabe der Verszahlen in ihre Bausteine.
2 Durch welche Konnektoren (»Satzverknüpfer«) werden die einzelnen Bausteine der Fabel zu einer Einheit zusammengefügt?
3 (a) Zitiere eine Stelle, die eine Alliteration enthält. – (b) Inwiefern wird in dem Hyperbaton *tuarum, corve, pennarum* (v. 6) der Rabe »abgebildet«? – (c) Wo findet sich ein weiteres Hyperbaton? – (d) In v. 11 *(avidis dentibus)* und v. 12 *(corvi deceptus stupor)* verwendet Phaedrus jeweils eine Enallage. Weise dies mithilfe der obigen Erklärung dieses Stilmittels nach.
4 Zeige auf, dass das, was oben allgemein über den Charakter der Akteure in einer Fabel gesagt wird, auch für diese Fabel gilt.

4 De vulpe et uva

ūva: Traube

Fame coacta vulpes alta in vinea
uvam adpetebat summis saliens viribus;

quam tangere ut non potuit, discedens ait:
»Nondum matura est; nolo acerbam sumere.«

5 Qui facere quae non possunt verbis elevant,
adscribere hoc debebunt exemplum sibi.

famēs, is *f.*: Hunger
altus: hoch, tief
vīnea: Weinberg
adpetere = appetere
salīre, saluī: springen
ut + *Ind.*: als, sobald
āiō, ais, ait, āiunt: bejahen, behaupten
mātūrus: reif, zeitig, früh
acerbus: scharf, bitter, sauer
sūmere, sūmpsī, sūmptum: (an sich) nehmen
ēlevāre: herabsetzen, abwerten
adscrībere: zuschreiben
exemplum: Vorbild, Beispiel

5 Cornix et ovis

Multos lacessere debiles et cedere fortibus.

Odiosa cornix super ovem consederat;

quam dorso cum tulisset invita et diu:

»Hoc«, inquit, »si dentato fecisses cani,
5 poenas dedisses. »Illa contra pessima:

»Despicio inermes, eadem cedo fortibus;
scio, quem lacessam, cui dolosa blandiar;
ideo senectam mille in annos prorogo.«

cornīx, icis *f.*: Krähe
ovis, is *f.*: Schaf
Multos …: *Mache abhängig von* »fabula docet«
lacessere, lacessīvī, lacessītum: reizen, angreifen
dēbilis, e: schwach, gebrechlich
odiōsus: verhasst, unangenehm
super *Präp. m. Akk.*: über (hinaus); *hier*: auf
cōnsīdere, sēdī, sessum: sich niederlassen, sich setzen
dorsum: Rücken
invītus: unwillig, ungern
dentātus: mit Zähnen (versehen)
canis, is *m. u. f.*: Hund
poenās dare: bestraft werden, büßen
contra *Adv.*: dagegen, hingegen
pessimus: *Superlativ/Elativ zu* malus
dēspicere, spiciō, spēxī, spectum: herabsehen, verachten
inermis, e: waffenlos, wehrlos
eadem: *übersetze:* zugleich
dolōsus: listig, trügerisch
blandīrī: schmeicheln
ideō *Adv.*: deshalb
senecta = senectūs
mīlle: tausend, unzählige
prōrogāre: verlängern, fortdauern lassen

cornix, die Krähe und **corvus**, der Rabe, sind uns als Rabenkrähe, Nebelkrähe, Saatkrähe und Kolkrabe bekannt. Viele von ihnen haben sich an die Nähe menschlicher Siedlungen gewöhnt, wurden aber lange Zeit gejagt, obwohl sie als Beseitiger von Aas, Abfall, kranken Tieren und Schädlingen mehr Nutzen als Schaden bringen. Sie sind oft einzeln, zur Brutzeit meist paarweise, im Herbst aber auch in Schwärmen anzutreffen.

Im Altertum war die *cornix* bekannt für ihre Geschwätzigkeit, für ihre Fähigkeit menschliche Laute nachzuahmen und für ihre sehr hohe Lebenserwartung. Sie galt als Weissagevogel: Erschien sie mit Geschrei von links, wurde dies als günstiges Zeichen gewertet. Sprichwörtlich war ihre Weitsichtigkeit.

Beim *corvus* wurden seine schwarze Farbe, seine Geschwätzigkeit und sein Krächzen hervorgehoben; als weissagender Vogel war er Apollo geweiht. Sein Erscheinen von rechts verhieß Glück.

Krähen am Winterhimmel.

1 (a) Gliedere die Fabeln in ihre Bausteine. Vergleiche den Aufbau der beiden Fabeln miteinander.

2 An Fabel 4 kann man besonders gut Phaedrus' Bemühen um Kürze erkennen. Erzähle die Geschichte auf Deutsch nach und schmücke sie dabei aus, indem du z. B. Angaben zu Ort und Zeit machst und den Ablauf des Geschehens detaillierter schilderst. Vergleiche die Wirkung deiner Geschichte mit dem Original.

3 (a) Welche der oben geschilderten Eigenschaften von Raben und Krähen findest du in den Fabeln 3 und 5 wieder? Zitiere die entsprechenden lateinischen Begriffe. – (b) Wie erklärst du es, dass Phaedrus die beiden Vögel, die in der Natur recht ähnlich sind, so unterschiedlich charakterisiert?

4 In den Fabeln 3 und 4 ist der Fuchs der/ein Hauptakteur – jedoch mit ganz unterschiedlichem Erfolg: Zeige diesen Unterschied, indem du die lateinischen Ausdrücke heraussuchst, die den Fuchs jeweils am besten charakterisieren.

5 (a) Versuche zu erklären, warum sich Menschen wie der Fuchs im Weinberg verhalten. – (b) Welche Alternativen zu solchem Verhalten gibt es? Was würdest du in einer entsprechenden Situation tun?

6 Schreibe eine Kurzcharakteristik von einer dir bekannten oder von einer erfundenen Person, auf die die Beschreibung der Krähe, des Lammes oder des Fuchses aus Fabel 3 zutrifft.

Variationen über das Thema »Fuchs und Rabe«
(von James Thurber, zitiert nach »75 Fabeln für Zeitgenossen«, Rowohlt 1967)

1
Von einem lieblichen Duft angelockt, ging ein Fuchs immer der Nase nach und kam zu einem Baum, auf dem ein Rabe mit einem Stück Käse im Schnabel saß. »Käse?«, sagte der Fuchs verächtlich. »Das ist ja Mäusefutter.« Der Rabe hob die Krallen und nahm den Käse aus dem Schnabel. »Du verabscheust immer das, was du nicht haben kannst«, bemerkte er. »Trauben zum Beispiel.« »Trauben sind etwas für Vögel«, erwiderte der Fuchs sehr von oben herab. »Ich bin ein Epikureer, ein Gourmet, ein Gastronom.« Der Rabe schämte sich, dass ein so großer Feinschmecker ihn Mäusefutter essen sah, und in seiner Verlegenheit ließ er den Käse fallen. Der Fuchs schnappte den Bissen geschickt auf, verschlang ihn mit Behagen, sagte höflich »merci« und trollte sich.

2
Der ehrwürdigen Tradition folgend, ließ sich der Rabe, der mit einem Stück Käse im Schnabel auf dem Baum saß, zum Singen überreden und sogleich fiel der Käse dem Fuchs vor die Füße. »Du singst wie eine rostige Säge«, sagte der Fuchs grinsend, aber der Rabe tat, als hätte er nichts gehört. »Schnell«, rief er, »gib mir den Käse zurück! Dort hinten kommt der Bauer mit seinem Gewehr!« »Warum soll ich dir denn den Käse zurückgeben?«, fragte der schlaue Fuchs. »Weil der Bauer auf den schießen wird, der den Käse hat, und ich kann ihm leichter entwischen als du.« In seiner Angst warf der Fuchs den Käse zu dem Raben hinauf. Der schwarze Vogel verzehrte ihn mit Genuss und sagte: »Du meine Güte, entweder spielen meine Augen mir einen Streich oder ich spiele dir einen Streich. Welche Möglichkeit hälst du für wahrscheinlicher?« Er bekam keine Antwort, denn der Fuchs hatte sich still und heimlich davongeschlichen.

Verschiedene Dichter über »Der Fuchs und die Traube«

1   Aesop (6. Jh. v.Chr.)
Der Fuchs, den es hungerte, sah an einem Weinstock Trauben hängen. Wollte er sie sich verschaffen und konnte es doch nicht! Schließlich machte er sich davon und sagte zu sich selbst: »Sie sind sauer.« So ist es auch bei manchen Menschen. Infolge ihrer Unzulänglichkeit vermögen sie an bestimmte Dinge nicht heranzukommen und geben dafür den Umständen die Schuld.

2   Jean de La Fontaine (1621–1695)
Ein gewisser Fuchs aus der Gascogne, andere sagen aus der Normandie, der fast vor Hunger verendete, sah hoch oben an einem Spalier Trauben, augenscheinlich reif und bedeckt mit einer hochroten Haut. Der Liebhaber hätte gerne damit Mahl gehalten, da er aber nicht heranreichen konnte, sagte er : »Sie sind noch zu grün und gut für Grobiane.« War dieses nicht besser als sich zu beklagen?

3   Karl Wilhelm Ramler (1725–1798)
Ein Fuchs, der auf Beute ging,
Fand einen Weinstock, der voller schwarzer Trauben
An einer hohen Mauer hing.
Sie schienen ihm ein köstlich Ding,
Allein beschwerlich abzuklauben.
Er schlich umher, den nächsten Zugang auszuspähn.
Umsonst! Kein Sprung war abzusehn.
Sich selbst nicht vor dem Trupp der Vögel zu beschämen,
Der auf den Bäumen saß, kehrt er sich um und spricht
Und zieht dabei verächtlich das Gesicht:
»Was soll ich mir die Mühe nehmen?
Sie sind ja herb und taugen nicht.«

4   Gotthold Ephraim Lessing (1729–1781)
»Sie ist ja doch sauer!« sagte der Fuchs von der Traube, nach der er lange genug vergebens gesprungen war. Das hörte ein Sperling und sprach: »Sauer sollte diese Traube sein? Darnach sieht sie mir doch nicht aus!« Er flog hin und kostete und fand sie ungemein süß und rief hundert näschige Brüder herbei. »Kostet doch«, schrie er, »kostet doch! Diese treffliche Traube schalt der Fuchs sauer.« Sie kosteten alle und in wenig Augenblicken ward die Traube so zugerichtet, daß nie wieder ein Fuchs darnach sprang.

Zu den Variationen von James Thurber
1   Vergleiche die Variationen mit der ursprünglichen Form von Phaedrus, indem du eine zweispaltige Tabelle anlegst: In die erste Spalte trägst du für jede Variation ein, welche Elemente von der antiken Fabel noch erhalten sind, in der zweiten Spalte notierst du die Änderungen durch Thurber.
2   Welche der beiden ursprünglichen Aufgaben der Fabeln *(prodesse/monere* und *delectare/risus)* überwiegt bei den Variationen? Worin liegt ihr Reiz?
3   Versuche dich an eigenen Variationen zu »Fuchs und Rabe« oder zu einer anderen dir bekannten Fabel.

Zu den Varianten von »De vulpe et uva«
4   Welche Unterschiede zu Phaedrus' Fabel stellst du im Hinblick auf ausschmückende Details fest? Belege deine Antwort durch Zitate aus den Texten.
5   Welche der Fabeln weicht inhaltlich am stärksten von der Phaedrus-Fassung ab? Begründe deine Auffassung.
6   Wie bewertet La Fontaine das Verhalten des Fuchses? Wie urteilen die anderen Dichter? Welche »Moral« scheint dir am schlüssigsten?

6 Vulpes et caper

caper: Ziegenbock

Homo in periclum simulac venit callidus,
reperire effugium quaerit alterius malo.

Cum decidisset vulpes in puteum inscia
et altiore clauderetur margine,
5 devenit hircus sitiens in eundem locum.

Simul rogavit, esset an dulcis liquor
et copiosus, illa fraudem moliens:

»Descende, amice! Tanta bonitas est aquae,
voluptas ut satiari non possit mea.«

10 Immisit se barbatus. Tum vulpecula
evasit puteo nixa celsis cornibus
hircumque clauso liquit haerentem vado.

perīclum = perīculum
simul(ac), simulatque: sobald
callidus: schlau, gewandt
effugium: Zuflucht, Ausweg
dēcidere, dēcidī: *aus* dē- *und* cadere
puteus: Grube, Brunnen
īnscius: unwissend, unkundig
altiore: *zum Komparativ s. Informationstext*
margō, inis *m.*: Rand
dēvenīre: (hin)gelangen
hircus: Bock
sitīre: durstig sein
simul: zugleich, sogleich
an *als Einleitung einer abh. Frage:* ob
dulcis, e: süß, lieblich
liquor = aqua
cōpiōsus: reichlich
fraus, fraudis *f.*: Betrug, Schaden
mōlīrī, mōlītus sum: unternehmen, beabsichtigen
bonitās: *leite her von* bonus
voluptās, ātis *f.*: Vergnügen, Lust
satiāre: sättigen
sē immittere: sich hineinbegeben
barbātus: bärtig
vulpēcula: *s. Informationstext S. 7, »Das Deminutivum«*
nītī, nīsus/nīxus sum: sich anstrengen, sich stützen auf
celsus: hoch ragend
cornu, ūs *n.*: Heeresflügel, Horn
linquere, līquī = relinquere
haerēre, haesī, haesum: hängen, stecken bleiben
vadum: flaches Wasser, *hier* = puteus

Zum Komparativ
Wenn kein Vergleichspunkt genannt wird, übersetzt man den Komparativ mit »zu, allzu, ziemlich« + Positiv: Difficiliora opera: ziemlich schwierige Arbeiten.

Bei **Aesop** verläuft die Geschichte ähnlich bis zu dem Punkt, wo der Bock in den Brunnen gesprungen ist. Dann überlegen die beiden Akteure gemeinsam, wie sie wieder hinauskommen, und einigen sich darauf, dass sich der Bock aufrecht an den Brunnenrand stellt, der Fuchs über dessen Hörner hinausklettert und dem Bock anschließend ebenfalls beim Ausstieg hilft. Als der Fuchs draußen ist, verhöhnt er den Bock und entgegnet auf dessen Vorwurf, er habe den Vertrag nicht eingehalten: »Wenn du so viel Grips im Schädel hättest wie Haare am Bart, wärst du nicht hinuntergestiegen ohne vorher zu untersuchen, wie du wieder hinauskommst.«

1 Angenommen, es gibt einige Zeit nach dem von Phaedrus dargestellten Zusammentreffen von Fuchs und Ziegenbock einen Prozess mit dem Bock als Kläger; der Richter stellt die folgenden Fragen. Beantworte sie soweit wie möglich aus dem lateinischen Text; ergänze den lateinischen Text auf Deutsch um die vom Richter geforderten Informationen, die er nicht enthält: (a) Wer war an den Handlungen beteiligt? – (b) Wie lassen sich die Beteiligten charakterisieren? – (c) Wann hat sich der Vorgang abgespielt? – (d) Wo hat er sich abgespielt? – (e) Was genau ist passiert? – (f) Welche Motive gab es für die Handlungen?
Vergleiche die von dir ergänzte Fassung der Fabel mit dem Original und überlege, warum der Dichter nicht alle gerichtsrelevanten Fakten eingebaut hat.
2 (a) Zitiere alle Hyperbata, die im lateinischen Text vorkommen. – (b) Bei zwei Hyperbata kann man von »abbildender Wortstellung« sprechen, weil sie etwas »einsperren«. Um welche handelt es sich? – (c) Welches Stilmittel wendet Phaedrus in den Zeilen 11/12 an? Was will er damit zeigen?
3 Zitiere aus dem Text Gliedsätze, bei denen die »einleitende« Konjunktion nicht am Anfang, sondern mitten im Gliedsatz steht.
4 Vergleiche: Wie charakterisiert Aesop seine Akteure? Wie charakterisiert Phaedrus seine Akteure?
5 Aesop lässt den Fuchs am Schluss die »Moral von der Geschicht« formulieren, Phaedrus formuliert sie selbst am Anfang seiner Fabel. Vergleiche die beiden Aussagen. Welche ist deiner Erfahrung nach »richtig«?

7 Vulpes et ciconia

cicōnia: Storch

Nulli nocendum. Si quis vero laeserit,
multandum simili iure fabella admonet.

Vulpes ad cenam dicitur ciconiam
prior invitasse et illi in patina liquidam
5 posuisse sorbitionem, quam nullo modo
gustare esuriens potuerit ciconia.

Quae vulpem cum revocasset, intrito cibo
plenam lagonam posuit; huic rostrum inserens
satiatur ipsa et torquet convivam fame.

10 Quae cum lagonae collum frustra lamberet,
peregrinam sic locutam volucrem accepimus:

»Sua quisque exempla debet aequo animo pati.«

nūllī: *Dat.*, nūllīus *Gen. zu* nūllus
nocēre, uī, itum: schaden; *erg.* est
vērō: 1. vollends 2. aber, jedoch
laedere, laesī, laesum: verletzen, beleidigen
multāre: (be)strafen
similis, e: ähnlich
fābella: *s. Informationstext S. 7*: »Das Diminutivum«
admonēre: mahnen, erinnern
vulpēs ... dīcitur ... invita(vi)sse: *zum nci s. Informationstext*
patina: Schüssel, Schale
liquidus: flüssig, klar
sorbitiō, ōnis *f.*: Suppe, Brühe
gūstāre: genießen, kosten
ēsurīre: Hunger haben, essen wollen
potuerit: *Konj. Perf.; übersetze mit Ind.*
revocāre: *hier*: seinerseits einladen; revocāsset = revocāvisset
interere, trīvī, trītum: hineinreiben, einbrocken
lagōna: Flasche
rōstrum: Schnabel
īnserere, seruī, sertum: hineinstecken
torquēre, torsī, torsum: drehen, foltern, quälen
convīva, ae *m.*: Gast
collum: Hals
frūstrā: vergeblich, umsonst
lambere: (be)lecken
peregrīnus: fremd, ausländisch
volucer, cris, cre: geflügelt; *Substantiv:* Vogel
accipere: *hier*: vernehmen
quisque, quaeque, quidque/quodque: jeder
aequō animō: mit Gleichmut
patī, patior, passus sum: erdulden, zulassen, ertragen

La Fontaine

Gevatter Fuchs hat einst in Kosten sich gestürzt
und den Gevatter Storch zum Mittagsbrot gebeten.
Nicht allzu üppig war das Mahl und reich gewürzt:
Denn statt der Austern und Lampreten
gab's klare Brühe nur – viel ging bei ihm nicht drauf.
In flacher Schüssel ward die Brühe aufgetragen;
Indes Langschnabel Storch kein Bisschen in den Magen
bekam, schleckt' Reineke, der Schelm das Ganze auf.
Doch etwas später lädt der Storch, aus Rache
für diesen Streich, den Fuchs zum Mahl auf seinem Dache.
»Gern!«, spricht Herr Reineke, »da ich nach gutem Brauch
mit Freunden nie Umstände mache.«
Die Stunde kommt, es eilt der list'ge Gauch
nach seines Gastfreunds hohem Neste,
lobt seine Höflichkeit aufs beste,
findet das Mahl auch schon bereit,
hat Hunger – diesen hat ein Fuchs zu jeder Zeit –
und schnüffelnd atmet er des Bratens Wohlgerüche,
des leckern, die so süß ihm duften aus der Küche.
Man trägt ihn auf, doch – welche Pein! –
in Krügen eingepresst, langhalsigen und engen;
leicht durch die Mündung geht des Storches Schnabel ein,
umsonst sucht Reineke die Schnauze durchzuzwängen,
hungrig geht er nach Haus und mit gesenktem Haupt,
klemmt ein den Schwanz, als hätt ein Huhn den Fuchs geraubt,
und lässt vor Scham sich lang nicht sehen.
Ihr Schelme, merkt euch das und glaubt:
Ganz ebenso wird's euch ergehen.

N. c. i. (nominativus cum infinitivo)
A. c. i.: Homerum caecum (caecus, a, um: blind) fuisse dicunt – Sie sagen/Man sagt, dass Homer blind gewesen sei. Setzt man diesen Satz ins Passiv, so wird Homerus Subjekt: N. c. i.: Homerus caecus fuisse dicitur: Von/Über Homer wird gesagt, dass er blind gewesen sei; man sagt, dass Homer blind gewesen sei. Der N. c. i. steht z.B. bei: dicitur: man sagt; fertur: man berichtet; putatur: man glaubt; traditur: man berichtet/es wird überliefert

1 Vergleiche die Fabel von Fuchs und Storch bei Phaedrus und La Fontaine: (a) Bei welchem Dichter sind die Fabeltiere stärker »vermenschlicht«? Begründe deine Antwort mit Belegen aus den Texten. – (b) Wie haben die Dichter die Überleitung zwischen den beiden Mahlzeiten gestaltet? – (c) Untersuche die Darstellung der Speisen bei beiden Dichtern. – (d) Wie endet die Fabel bei Phaedrus, wie bei La Fontaine? – (e) Fasse die Ergebnisse des Vergleichs zusammen: Worin liegt der Hauptunterschied zwischen beiden Versionen?
2 Zur Phaedrus-Fabel: Welches Handlungsprinzip steht hinter der Reaktion des Storches auf die Einladung beim Fuchs? Was erfahren wir darüber in der Einleitung? Bewerte dieses Prinzip unter moralischen Gesichtspunkten.

8 Lupus et gruis

lupus: Wolf
gruis, is *f.*: Kranich

Qui pretium meriti ab improbis desiderat,
bis peccat: primum, quoniam indignos adiuvat;
impune abire deinde quia iam non potest.

Os devoratum fauce cum haereret lupi,
5 magno dolore victus coepit singulos
illicere pretio, ut illud extraherent malum.

Tandem persuasa est iure iurando gruis,
gulaeque credens colli longitudinem
periculosam fecit medicinam lupo.

10 Pro quo cum pactum flagitaret praemium,
»Ingrata es,« inquit, «ore quae e nostro caput
incolume abstuleris et mercedem postules.«

pretium: Preis, Lohn
meritum: Verdienst, Leistung
improbus: schlecht, unredlich
bis *Adv.*: zweimal
peccāre: sündigen, einen Fehler machen
prīmum *Adv.*: zum ersten Mal, erstens
quoniam: da (ja)
indīgnus: unwürdig
impūne *Adv.*: ungestraft, straflos
iam nōn = nōn iam
os, ossis *n.*: Knochen
devorāre: verschlingen, hinunterwürgen
faux, faucis *f.*: Schlund, Kehle
singulī: Einzelne
illicere, liciō: anlocken, verlocken
ex-trahere: *erschließe aus den Wortbestandteilen*
iūs iūrandum: Eid, Schwur
gula: Kehle, Rachen
crēdere, crēdidī, crēditum: anvertrauen, glauben
longitūdō, dinis *f.*: Länge;
collī longitūdinem = longum collum
medicīna: Heilmittel, Behandlung
pangere, pānxī, pāctum: festsetzen, verabreden
flāgitāre: (heftig) fordern
incolumis,e: unversehrt
abstuleris: *Konj. Perf.; übersetze mit Ind.*
mercēs, mercēdis *f.*: Lohn, Preis, Sold

Die **Variatio** ist ein Stilmittel, das jeder von uns verwendet, wenn er sich nicht wiederholen will: Dieselbe Sache wird, wenn sie öfter erwähnt werden muss, mit verschiedenen Ausdrücken benannt: Finsternis – Dunkelheit; in unseren Fabeln für *aqua* das dichterische Wort *liquor*.

1 In den Ausdrücken, die den Wolfsrachen und in denen, die die versprochene Belohnung bezeichnen, findet sich je eine Variatio: Nenne die entsprechenden lateinischen Ausdrücke.
2 Mit welchen Mitteln gewinnt der Wolf den Kranich als »Operateur«? Zitiere lateinisch.
3 Warum kuriert wohl ausgerechnet der Kranich den Wolf? Vergleiche mit Fabel 7, S. 16.
4 Die Moral nennt zwei Fehler, die der Kranich begangen haben soll. (a) Welche sind dies? – (b) Diskutiert in Gruppen: »Stimmt« die Fabelmoral?

Antike Gefäße, Oberrheinisches Bäder- und Heimatmuseum Bad Bellingen (Sonderausstellung Medizin im Altertum).

9 Canis per fluvium carnem ferens

fluvius = flūmen
carō, carnis *f.*: Fleisch(-stück)

Amittit merito proprium qui alienum appetit.
Canis per flumen carnem dum ferret, natans
lympharum in speculo vidit simulacrum suum
aliamque praedam ab altero ferri putans
5 eripere voluit; verum decepta aviditas
et, quem tenebat, ore dimisit cibum,
nec, quem petebat, potuit adeo attingere.

meritō *Adv.*: zu Recht
ferret: *übersetze mit Ind.*
nātāre: schwimmen
lympha = aqua
speculum: Spiegel
simulācrum: Bild
praeda: Beute
vērum: aber, jedoch
aviditās, ātis *f.*: Begierde, Verlangen

neque adeō: und genauso wenig
attingere, tigī, tāctum: berühren, erreichen

1 Gliedere die Fabel in die Fabelbestandteile; wie verhalten sich die einzelnen Teile hinsichtlich ihres Umfangs zueinander? Vergleiche mit Fabel 8.
2 In dieser Fabel gibt es ein Wortspiel mit gleich klingenden Wörtern: Zitiere lateinisch und untersuche die Funktion dieses Wortspiels.
3 Wie realistisch ist die dargestellte Eigenschaft des Hundes, wie realistisch ist die Situation?
4 Formuliere eine andere Moral, die aber immer noch zu der anschließenden Fabelerzählung passt.

10 Lupus ad canem

Quam dulcis sit libertas, breviter proloquar.

Cani perpasto macie confectus lupus
forte occucurrit. Dein salutati invicem
ut restiterunt: »Unde sic, quaeso, nites?
5 Aut quo cibo fecisti tantum corporis?
Ego, qui sum longe fortior, pereo fame.«

Canis simpliciter: »Eadem est condicio tibi,
praestare domino si par officium potes.«
»Quod?« inquit ille. »Custos ut sis liminis,
10 a furibus tuearis et noctu domum.«

»Ego vero sum paratus: nunc patior nives
imbresque in silvis asperam vitam trahens.
Quanto est facilius mihi sub tecto vivere
et otiosum largo satiari cibo!«

15 »Veni ergo mecum!« Dum procedunt, aspicit
lupus a catena collum detritum cani.

»Unde hoc, amice?« »Nihil est.«
»Dic, quaeso, tamen.«

»Quia videor acer, alligant me interdiu,
20 luce ut quiescam et vigilem, nox cum venerit:
Crepusculo solutus, qua visum est, vagor.
Affertur ultro panis; de mensa sua
dat ossa dominus; frusta iactat familia

---

prōloquī: darstellen
perpāstus: wohlgenährt
maciēs, ēī *f.*: Magerkeit
cōnfectus: erschöpft
occurrere, (cu)currī, cursum: entgegenlaufen
dein = deinde
invicem *Adv.*: gegenseitig, einander
resistere, sistō, stitī: *hier*: stehen bleiben
quaesō: bitte (schön)
nitēre: glänzen, fett sein
tantum: so viel
longē: weit, bei weitem
simplex, plicis: einfach, schlicht
condiciō, ōnis *f.*: Bedingung, Lage
cūstōs, ōdis *m./f.*: Wächter(in)
līmen, minis *n.*: Schwelle, Eingang
fūr, ris *m./f.*: Dieb(in)
tuērī: beschützen
nix, nivis *f.*: Schnee
imber, bris *m.*: Regen
asper: rau
sub + *Abl.*: unter
tēctum: Dach
ōtiōsus: müßig, in Ruhe
largus: freigebig, reichlich
ergō *Adv.*: deshalb, also
procēdere, cessī, cessum: vorwärts gehen
aspicere, iō, spexī, spectum: erblicken
catēna: Fessel, Kette
dēterere, trīvī, trītum: abreiben, abwetzen
unde: von wo, woher
quia: weil
alligāre: anbinden
interdiū: tagsüber
quiēscere, quiēvī, quiētum: (aus)ruhen
vigilāre: wachen, wachsam sein
crepusculum: Dämmerung
quā vīsum est: wie/wo es beliebt
vagārī: umherschweifen
ultrō: unaufgefordert
pānis, is *m.*: Brot
mēnsa: Tisch, Essen
os, ossis *n.*: Knochen
frūstum: Brocken, Bissen

et, quod fastidit quisque, pulmentarium.
25 Sic sine labore venter impletur meus.«

»Age, si quo abire est animus, est licentia?«

»Non plane est«, inquit. »Fruere, quae laudas, canis:
Regnare nolo, liber ut non sim mihi.«

fastīdīre: verschmähen
pulmentārium: Beilage
venter, ventris *m.*: Bauch, Magen
implēre: voll füllen
age: wohlan, los!
animus est …: *jdm.* ist danach …
licentia: Willkür, Freiheit
plānē: durchaus
fruī, frūctus sum: genießen
rēgnāre: herrschen, König sein
ut: *hier*: sofern

1 (a) Gliedere die Fabel in die dir bekannten Teile. – (b) Zitiere den Satz, der den Wendepunkt zwischen den beiden Blöcken von Handlung und Gegenhandlung markiert. Welches Stilmittel erkennst du in diesem Satz? Was soll damit hervorgehoben werden?
2 (a) Durch welche Stilmittel werden die zwei Akteure in v. 2 eingeführt und welche Aussage betonen die Stilmittel? – (b) Welche zwei Lebensweisen werden einander gegenübergestellt? – (c) Stelle in einer zweispaltigen Übersicht lateinische Begriffe zusammen, die diese beiden Lebensweisen charakterisieren. – (d) Warum sind dem Wolf am Ende die Werte der eigenen Lebensweise doch wichtiger als diejenigen, die der Wachhund repräsentiert?
3 Übertrage die Fabel auf den menschlichen Bereich, indem du Tagesabläufe eines Menschen vom »Typ Wachhund« und eines vom »Typ Wolf« beschreibst.

Abguss des Hundes Primus, der sich beim Vesuvausbruch 79 n.Chr. nicht von seiner Kette befreien konnte und in den Lavamassen erstickte. Pompeji, Antiquarium.

11 Cervus ad fontem

Ad fontem cervus cum bibisset, restitit
et in liquore vidit effigiem suam.

Ibi dum ramosa mirans laudat cornua
crurumque nimiam tenuitatem vituperat,
5 venantum subito vocibus conterritus
per campum fugere coepit et cursu levi
canes elusit. Silva tum excepit ferum,
in qua retentis impeditus cornibus
lacerari coepit morsibus saevis canum.

10 Tunc moriens vocem hanc edidisse dicitur:

»O me infelicem, qui nunc demum intellego,
utilia mihi quam fuerint, quae despexeram,
et, quae laudaram, quantum luctus habuerint!«

---

cervus: Hirsch
fōns, fontis *m.*: Quelle

bibere, bibī: trinken
resistere, sistō, stitī: *hier*: stehen (bleiben)
liquor = aqua
effigiēs, ēī *f.*: Bild, Abbild
rāmōsus: ästreich, verzweigt
mīrārī: sich wundern, bewundern
crūs, crūris *n.*: Unterschenkel, Bein
tenuitās, ātis *f.*: Dünnheit
vituperāre: tadeln
vēnārī: jagen
conterrēre = terrēre
cursus, ūs *m.*: Lauf
levis, e: leicht
ēlūdere, lūsī, lūsum: verspotten, ausweichen
excipere, cipiō, cēpī, ceptum: aufnehmen
ferus: wild(es Tier)
lacerāre: zerfleischen
morsus, ūs *m.*: Biss
saevus: wild, wütend
tunc *Adv.*: damals, dann
morī, morior, mortuus sum: sterben
ēdere, didī, ditum: herausgeben, von sich geben
Tunc ... dicitur: *zum nci s. Informationstext S. 17*
dēmum *Adv.*: endlich, erst
intellegere, lēxī, lēctum: bemerken, einsehen
fuerint, habuerint: *Konj. Perf., s. Informationstext*
laudāram = laudāveram
lūctus, ūs *m.*: Trauer

Konjunktiv Perfekt im Gliedsatz
Dic, quid feceris: Sag, was du getan hast.

Der Konjunktiv Perfekt bezeichnet im Gliedsatz die Vorzeitigkeit zu einem Präsens oder Futur 1. Im Aktiv werden die Endungen -erim, -eris, -erit, -erimus, -eritis, -erint an den Perfektstamm gehängt: *laudāverim … laudāverint.* Die Passivform ist zusammengesetzt aus dem PPP *(laudātus)* und dem Konjunktiv Präsens von *esse*: *laudātus (a, um) sim … laudātī (ae, a) sint.*

1 vv. 11–13: *intellego, quam utilia fuerint, quae despexeram, et, quae laudaram, quantum luctus habuerint:* (a) Welches Stilmittel setzt Phaedrus hier ein? Welche Aussage hebt er damit hervor? – (b) Erkläre die Funktion der Konjunktive. – (c) Forme den *quam*- und den *quantum*- Satz in direkte Fragen um.
2 Forme den N. c. i. in v.10 in einen A. c. i. um (Hilfe: aus *dicitur* wird *dicunt*).
3 Welches Merkmal des Hirsches ist für den Ausgang der Geschichte verantwortlich?
4 Zeige an dieser Fabel auf, dass auch bei nur einem Hauptakteur Handlung und Gegenhandlung möglich sind.
5 (a) Sicher hast du bemerkt, dass dieser Fabel eine allgemein formulierte Moral fehlt: Aus welchem Satz kann am besten eine passende Moral entnommen werden? Formuliere sie allgemeingültig auf Deutsch. – (b) Diskutiert in Gruppen, welche Eigenschaften und Accessoires bei Jugendlichen Ansehen genießen und worin deren möglicher Nutzen oder Schaden liegt. Tragt die Gruppenergebnisse der Gesamtklasse vor.

12 Pavo ad Iunonem de voce sua

Pavo ad Iunonem venit indigne ferens,
cantus luscinii quod sibi non tribuerit;
illum esse cunctis avibus admirabilem,
se derideri, simulac vocem miserit.

5 Tunc consolandi gratia dixit dea:
»Sed forma vincis, vincis magnitudine;
nitor smaragdi collo praefulget tuo
pictisque plumis gemmeam caudam explicas.«

»Quo mi«, inquit, »mutam speciem,
10 si vincor sono?«

»Fatorum arbitrio partes sunt vobis datae:
tibi forma, vires aquilae, luscinio melos,
augurium corvo, laeva cornici omina;
omnesque propriis sunt contentae dotibus.«

15 Noli adfectare, quod tibi non est datum,
delusa ne spes ad querelam recidat!

---

pāvō, ōnis *m.*: Pfau
Iūnō, Iunōnis *f.*: Juno, Gattin Jupiters
(s. Informatationstext »Iuno«)
indīgnē ferre: unwillig sein
cantus, ūs *m.*: Gesang
luscinius: Nachtigall
avis, is *f.*: Vogel
admīrābilis, e: bewundernswert
dērīdēre: verlachen
vōcem mittere: seine Stimme ertönen lassen
cōnsōlārī: trösten
grātiā + *Gen.*: wegen, um … willen
māgnitūdō, dinis *f.*: Größe
nitor, ōris *m.*: Glanz, Schönheit
smaragdus: Smaragd
praefulgēre: hell leuchten
pingere, pīnxī, pictum: (be)malen
plūma: (Flaum-)Feder
gemmeus: mit Edelstein verziert
(*gemeint sind die »Pfauenaugen«*)
cauda: Schweif (»Pfauenrad«)
explicāre: ausbreiten
quō mī: wozu (*erg.* gab man) mir
mūtus: stumm
speciēs, ēī *f.*: Aussehen, Schönheit
sonus: Laut, Klang
fātum: Götterspruch, Schicksal;
s. *Informationstext »fatum«*
pars: *hier*: Aufgabe, Rolle
aquila: Adler
melos Nom. u. Akk. Sg.: Lied, Gesang
augurium: Weissagekunst
corvus: Rabe
laevus: links (*bedeutet bei Prophezeiungen* günstig)
cornīx, īcis f.: Krähe
ōmen, ōminis n.: Wahrzeichen, Vorzeichen
proprius: eigen(tümlich)
contentus: zufrieden
dōs, dōtis f.: Gabe, Talent
adfectāre: streben nach
dēlūdere: täuschen
querēla: Klage
recidere: herabsinken, verfallen

Iuno wurde schon früh mit der griechischen Göttin Hera, der Gattin des Zeus und Mutter des Kriegsgottes Ares sowie des göttlichen Schmiedes Hephaistos, gleichgesetzt. Sie war als Tochter der Rhea und des Kronos eine Schwester Iuppiters und wurde zugleich seine Gattin. Ein Hauptwirkungsbereich war der Schutz der Frauen und häufig wurde sie als Herrin der Städte verehrt. Auf dem Kapitol in Rom gab es ein Heiligtum, das der Trias Minerva, Iuppiter und Iuno (s. auch Bild) heilig war: eine vorchristliche Götter-Dreiheit.

Minerva, Iuppiter und Iuno mit ihren heiligen Vögeln Eule, Adler und Pfau. Marmorskulptur, Museo Nazionale Archeologico Prenestino.

Das **fatum** (v.10) wird abgeleitet von *fari* (sprechen), bedeutet also wörtlich »Spruch«. Der Begriff wird im Sinn von »Schicksal, Notwendigkeit« gebraucht. Im Plural werden die **Fata** mit den griechischen Schicksalsgöttinnen, den drei Moiren, gleichgesetzt. Damit sind sie von den Parzen *(Parcae)* nicht mehr unterscheidbar. Selbst die olympischen Götter waren diesen Schicksalsgottheiten unterworfen und konnten im besten Falle Aufschub eines Verhängnisses erwirken.

1 (a) Erkläre, warum in v. 2 und 4 Konjunktiv und in vv. 3/4 A. c. i. steht. – (b) Forme diese Passage in eine wörtliche Rede des Pfaus um; lasse dabei *quod* in v. 2 weg.
2 Zu v. 5: Wiederhole die Übersetzungsmöglichkeiten des Gerundiums und gib jeweils die Sinnrichtung an: (a) Militibus facultas pugnandi datur. – (b) Parati sumus ad agendum. – (c) In navigando periculis terremur. – (d) Multi homines navigandi causa (gratia) litora (= oras) petunt. – (e) Legendo discimus.
3 (a) Worin besteht die Besonderheit dieser Fabel im Vergleich zu den bisher gelesenen? – (b) Stelle den Beschwerden des *pavo* Iunos Argumente gegenüber; zitiere dabei die wichtigsten Ausdrücke lateinisch. – (c) Die Göttin will offensichtlich auch rhetorisch überzeugen: Zeige dies an Vers 6 und 11/12. – (d) Sind Iunos Argumente auch inhaltlich überzeugend? – (e) Welche Verhaltensweise propagiert diese Fabel? Welche möglichen Vor- und Nachteile bringt sie dem einzelnen Menschen? Welche Bedeutung hat sie für das menschliche Zusammenleben?

13 Rana rupta et bos

Inops, potentem dum vult imitari, perit.

In prato quondam rana conspexit bovem
et tacta invidiā tantae magnitudinis
rugosam inflavit pellem. Tum natos suos
5 interrogavit, an bove esset latior.

Illi negarunt. Rursus intendit cutem
maiore nisu et simili quaesivit modo,
quis maior esset. Illi dixerunt bovem.

Novissime indignata dum vult validius
10 inflare sese, rupto iacuit corpore.

---

rāna: Frosch
rumpere, rūpī, ruptum: (zer)brechen, zerreißen
bōs, bovis *m./f.*: Rind
inops, pis: mittellos, bedürftig
potēns, entis: mächtig
imitārī: nachahmen
prātum: Wiese
quondam *Adv.*: einst
cōnspicere, spiciō, spexī, spectum: erblicken
tangere: *hier*: veranlassen
invidia: Neid
rūgōsus: runzlig
īnflāre: aufblasen
pellis, is *f.*: Pelz, Fell, Haut
nātī: Kinder, Nachkommen
an: ob
lātus: weit, breit
negārunt = negāvērunt
rūrsus: rückwärts, wieder
intendere, tendī, tentum: anspannen
cutis, is *f.*: Haut
nīsus, ūs *m.*: Anstrengung
novissimē: neuerdings, zuletzt
indīgnārī: entrüstet sein
validus: gesund, stark
sēsē = sē
iacēre, uī: (da)liegen

Fink und Frosch von Wilhelm Busch (1832–1908)

Im Apfelbaume pfeift der Fink
Sein pinkepink!
Ein Laubfrosch klettert mühsam nach
Bis auf des Baumes Blätterdach
Und bläht sich auf und quackt: »Ja ja!
Herr Nachbar, ick bin och noch da!«
Und wie der Vogel frisch und süß
Sein Frühlingslied erklingen ließ,
Gleich muß der Frosch in rauhen Tönen
Den Schusterbaß dazwischen dröhnen.
»Juchheija, heija!« spricht der Fink,
»Fort flieg ich flink.«
Und schwingt sich in die Lüfte hoch.
»Wat!« ruft der Frosch, »dat kann ik och!«
Macht einen ungeschickten Satz,
Fällt auf den harten Gartenplatz,
Ist platt, wie man die Kuchen backt,
Und hat für ewig ausgequakt.
Wenn einer, der mit Mühe kaum
Geklettert ist auf einen Baum,
Schon meint, daß er ein Vogel wär',
So irrt sich der.

1 Gliedere die Fabel in ihre Bestandteile: Wie viele Handlungen und Gegenhandlungen ergeben sich?
2 Der Frosch tut mehrmals das Gleiche; stelle zusammen, wie die wiederholte Handlung jeweils beschrieben wird und zeige dabei Variatio und Klimax. Mit welchen Worten werden die Versuche des Froschs eingeleitet?
3 Untersuche Wilhelm Buschs *Fink und Frosch* auf Gemeinsamkeiten und Unterschiede zur Phaedrus-Fabel. Sammle dabei Begriffe, die das Verhalten des Frosches beschreiben.

14 Ranae ad Solem

Vicini furis celebres vidit nuptias
Aesopus et continuo narrare incipit:

Uxorem quondam Sol cum vellet ducere,
clamorem ranae sustulere ad sidera.

5 Convicio permotus quaerit Iuppiter
causam querelae. Quaedam tum stagni incola:

»Nunc«, inquit, »omnes unus exurit lacus
cogitque miseras arida sede emori.
Quidnam futurum est, si crearit liberos?«

rāna: Frosch
sōl, sōlis *m.*: Sonne (*als Person:* Sonnengott)
fūr, ris *m./f.*: Dieb(in)
celeber, bris, bre: feierlich, festlich
nūptiae: Hochzeit
continuō: unverzüglich, sofort
uxor, ōris *f.*: Gattin
uxōrem dūcere: heiraten
sustulēre = sustulērunt
sīdus, deris *n.*: Stern
convīcium: Geschrei, Zank
permovēre, mōvī, mōtum: bewegen, veranlassen
stāgnum: See, Teich
exūrere: ausbrennen, austrocknen
lacus, ūs *m.*: See, Teich
āridus: trocken, dürr
sēdēs, is *f.*: (Wohn-)Sitz
ēmorī: sterben
creārit = creāverit
līberī: Kinder

1 Inwiefern ist diese Fabel anders als die bisher gelesenen?
2 Vergleiche die Frösche mit ihrem Artgenossen aus Fabel 13: Welche gemeinsamen Charakterzüge, welche unterschiedlichen haben sie?
3 Welche der beiden Aufgaben der Fabel *(prodesse – delectare)* erfüllt Fabel 14 vorwiegend? Begründe.

15 Muli duo et latrones

Muli gravati sarcinis ibant duo:
Unus ferebat fiscos cum pecunia,
alter tumentes multo saccos hordeo.

Ille onere dives celsa cervice eminet
5 clarumque collo iactat tintinnabulum;
comes quieto sequitur et placido gradu.

Subito latrones ex insidiis advolant
interque caedem ferro mulum sauciant,
diripiunt nummos, neglegunt vile hordeum.

10 Spoliatus igitur casus cum fleret suos,
»Equidem«, inquit alter, »me contemptum gaudeo:
Nam nil amisi nec sum laesus vulnere.«

Hoc argumento tuta est hominum tenuitas;
magnae periclo sunt opes obnoxiae.

---

mūlus: Maultier
latrō, ōnis *m.*: Straßenräuber
gravāre: belasten
sarcina: Last; *Pl.:* Gepäck
fiscus: Korb, Geldkorb
tumēre: prall gefüllt sein
saccus: Sack
hordeum: Gerste
onus, oneris *n.*: Last
celsus: hoch, erhaben
cervīx, īcis *f.*: Hals, Nacken
tintinnābulum: Glöckchen
(s. *Informationstext*)
comes, comitis *m./f.*: Begleiter(in)
quiētus: ruhig
placidus: freundlich, still
gradus, ūs *m.*: Rang, Schritt
advolāre: herbeifliegen, -eilen
inter caedem: *betroffen sind wohl die Begleiter*
sauciāre: verwunden
nummus: Münze; *Pl.:* Geld
neglegere, lēxī, lēctum: nicht beachten
vīlis, e: billig, wertlos
spoliāre: (be)rauben
casus, ūs *m.*: Fall, Zufall; *Pl.:* Schicksal
flēre, flēvī, flētum: (be)weinen
contemptum: *erg.* esse
nīl = nihil
nec = neque
argūmentum: Beweis, Geschichte
tūtus: geschützt, sicher
tenuitās, ātis *f.*: Schlichtheit, Armut
perīclum = perīculum
obnoxius: verpflichtet, ausgesetzt

Lautmalerei (Onomatopoiie): Der Klang der Wörter deutet ihren Inhalt an; ein berühmter lautmalender Vers steht beim Dichter Ovid, der von Bauern erzählt, die wegen ihres frechen Mundwerks von der Göttin Latona in Frösche verwandelt wurden: »… *quámvis sínt sub aquá, sub aquá maledícere témptant.*« : »… sind sie auch unter Wasser, unter Wasser suchen sie weiter zu spotten.« Zügig gelesen, hört man in dem lateinischen Vers deutlich die Frösche quaken.

1 In manchen Versen passt der Rhythmus des Metrums zum Inhalt des Textes; zeige dies an den Versen 1 und 7:

Vers 1   Mūlī   grăvātī   sārcĭnĭs   ībānt   dŭŏ

Vers 7   Sŭbĭtō   lătrōnēs   ēx   īnsĭdĭīs   ādvŏlānt

2 Spüre folgende Stilmittel auf (lat. Zitate!) und untersuche ihren Zusammenhang mit dem Inhalt: Alliteration (mehrmals), Asyndeton, Chiasmus/Parallelismus, Hyperbaton (mehrmals).

3

mulus I (unus)			mulus II (alter)		
Eigene und ihn betreffende Aktionen	Bewertende Ausdrücke	Werte und Eigenschaften	Eigene und ihn betreffende Aktionen	Bewertende Ausdrücke	Werte und Eigenschaften
ferebat fiscos … latrones…	*onere dives*		*ferebat…*		

Übertrage diese Tabelle in dein Heft und ergänze die erste, zweite, vierte und fünfte Spalte aus dem Text; ordne in der dritten und sechsten Spalte den beiden Maultieren folgende Werte und Eigenschaften zu: *otium* (Ruhe, Muße), *superbia*, *securitas* (Sorglosigkeit), *modestia* (Bescheidenheit), *stultitia* (Dummheit), *tranquillitas animi* (Seelenruhe).

4 (a) Formuliere die Lehre der Fabel. – (b) Vergleiche sie mit der Moral der Fabel. – (c) Suche Erklärungsmöglichkeiten für Unterschiede zwischen deiner Formulierung der Lehre und der ausformulierten Moral der Fabel.

16 Equus et aper

Equus sedare solitus quo fuerat sitim,
dum sese aper volutat, turbavit vadum.

Hinc orta lis est. Sonipes iratus fero
auxilium petiit hominis, quem dorso levans
5 rediit ad hostem. Iactis hunc telis eques
postquam interfecit, sic locutus traditur:

»Laetor tulisse auxilium me precibus tuis;
nam praedam cepi et didici, quam sis utilis.«
Atque ita coegit frenos invitum pati.
10 Tum maestus ille: »Parvae vindictam rei
dum quaero demens, servitutem repperi.«

Haec iracundos admonebit fabula:
Impune potius laedi quam dedi alteri.

aper: Wildschwein, Eber
sēdāre: beruhigen, stillen
solēre, solitus sum: gewohnt sein
solitus fuerat = solitus erat
quō: *hier*: wo
sitis, is *f.*: Durst
sēsē = sē
volūtāre: herumwälzen
turbāre: verwirren, aufwühlen
turbāvit: *Subjekt ist* aper
hinc: von hier, hieraus
orīrī, ortus sum: sich erheben, entstehen
līs, lītis *f.*: Streit
sonipēs, pedis *m.*: Pferd
petiit = petīvit
dorsum: Rücken
levāre + *Dat.*: heben auf etw.
iacere, iō, iēcī, iactum: werfen
tēlum: Geschoss
interficere, iō, fēcī, fectum: töten
locūtus: *erg.* esse
laetārī: sich freuen
precēs, precum *f. Pl.*: Bitten
frēnum: Zügel
maestus: betrübt
vindicta: Strafe, Rache
dēmēns, ntis: sinnlos, verrückt
servitūs, ūtis *f.*: Sklaverei
īrācundus: jähzornig
impūne *Adv.*: ungestraft
potior, ius: wichtiger, lieber

1 Erstelle zum ersten Satz ein Satzbild, in dem du die Über- und Unterverhältnisse der einzelnen Teilsätze zueinander grafisch darstellst und die einzelnen Satzglieder benennst.
2 Suche aus den Versen 2–6 alle lateinischen Begriffe heraus, die eine Handlung ausdrücken, und nenne dazu jeweils die Subjekte.
3 Zitiere aus den Versen 7–11 die Ausdrücke, aus denen hervorgeht, wie der Mensch und das Pferd über ihr gerade entstandenes Verhältnis denken.
4 Welche der folgenden Lebensregeln passt am ehesten zu der Fabel? Entscheide dich zuerst allein und diskutiere dann mit den Klassenkameraden: (a) »Jähzorn führt ins Unglück«. – (b) »Wer die Hilfe anderer beansprucht, macht sich abhängig«. – (c) »Wer andern eine Grube gräbt, fällt selbst hinein«. – (d) »Überlege genau, wem du dich anvertraust«.
5 Nimm Stellung zu folgender Behauptung: »In dieser Fabel geht es um eine Erklärung, wie das Pferd zum Haustier wurde«.

17 Taurus et vitulus

taurus: Stier
vitulus: Kalb

Angusto in aditu taurus luctans cornibus
cum vix intrare posset ad praesepia,
monstrabat vitulus, quo se pacto flecteret.

»Tace«, inquit, »ante hoc novi, quam tu natus es.«
5 Qui doctiorem emendat, sibi dici putet.

aditus, ūs *m.*: Eingang
luctārī: sich abmühen
vix: kaum
praesēpium: Krippe; *Pl.*: Stall
quō pactō: auf welche Weise
ante: *hier*: früher
nōvisse: kennen, wissen
ēmendāre: verbessern
sibi dīcī putāre: sich angesprochen fühlen

Stier-Relief an einem auf dem Forum Romanum in Rom liegenden Stein.

1 Untersuche, ob diese kurze Fabel alle Fabelteile enthält.
2 (a) Für welche Menschentypen stehen Stier und Kalb? – (b) Erzähle die Fabel nach; ersetze dabei die Tiere durch entsprechende Menschen und denk dir eine passende Handlung aus.
3 Entscheide begründet, wessen Verhalten die Fabel kritisiert.

18 Asinus ad lyram

Asinus iacentem vidit in prato lyram.
Accessit et temptavit chordas ungula;
sonuere tactae. »Bella res, sed mehercules
male cessit«, inquit, »artis quia sum nescius.
5 Si repperisset aliquis hanc prudentior,
divinis aures oblectasset cantibus.«

Sic saepe ingenia calamitate intercidunt.

asinus: Esel
lyra: Laute, Lyra

prātum: Wiese
accēdere, cessī, cessum: herantreten
temptāre: versuchen, betasten
chorda: Saite
ungula: Huf
sonāre, sonuī: tönen
bellus: hübsch, niedlich
meherculēs: beim Herkules!
cēdere: *hier*: ausgehen, sich ergeben
nescius: unwissend, unkundig
auris, is *f.*: Ohr
oblectāre: erheitern, unterhalten
oblectāsset = oblectāvisset
cantus, ūs *m.*: Gesang, Melodie
ingenium: Begabung, Genie
calamitās, ātis *f.*: Schaden, Unglück
intercidere: zugrunde gehen

19 Pullus ad margaritam

In sterquilino pullus gallinaceus
dum quaerit escam, margaritam repperit.
»Iaces indigno, quanta res!«, inquit, »loco.
Hoc siquis pretii cupidus vidisset tui,
5 olim redisses ad splendorem pristinum.
Ego quod te inveni, potior cui multo est cibus,
nec tibi prodesse nec mihi quicquam potest.«

Hoc illis narro, qui me non intellegunt.

pullus: junges Tier, Hühnchen
margarīta: Perle

sterquilīnum: Misthaufen
pullus gallīnāceus: Küken, Hähnchen
ēsca: Speise, Futter
sīquis = sī quis
ōlim *Adv.*: *hier*: (schon) längst
splendor, ōris *m.*: Glanz, Ansehen
prīstinus: früher(er)
quisquam/quicquam: jemand/etwas

1 Vergleiche die beiden Fabeln unter folgenden Gesichtspunkten: (a) Wie sind sie aufgebaut? – (b) Wer sind die »Akteure« und welche Eigenschaften haben diese? – (c) Wo spielen die Geschichten? – (d) Wie bezeichnen die Tiere die gefundenen Gegenstände? – (e) Welches Gefühl bewegt die Tiere nach ihrem Fund?
2 In beiden Fabeln findet sich ein »Gedankenexperiment« (wo?): Wie wird der für den Finder geringe Wert des Fundes jeweils begründet?
3 Worauf muss in der abschließenden Moral der Fabel 18 der Begriff *ingenia* bezogen werden?
4 In der Moral der Fabel 19 spricht Phaedrus einige Leser persönlich an: Was haben diese mit dem Hähnchen gemeinsam, worin unterscheiden sie sich von ihm?
5 Der »Esel auf der Lyra« war schon in Griechenland eine stehende Redewendung für einen ungeschickten Menschen. Nenne und erkläre Sprichwörter, die mit Fabel 18 oder 19 Berührungspunkte haben.

Perle in einer Austernmuschel.

20 Calvus et musca

Calvi momordit musca nudatum caput;
quam opprimere captans alapam sibi duxit gravem.

Tunc illa irridens: »Punctum volucris parvulae
voluisti morte ulcisci; quid facies tibi,
5 iniuriae qui addideris contumeliam?«

Respondit: »Mecum facile redeo in gratiam,
quia non fuisse mentem laedendi scio.
Sed te, contempti generis animal improbum,
quae delectaris bibere humanum sanguinem,
10 optem necare vel maiore incommodo.«

Hoc argumentum veniam iam dari docet,
qui casu peccat. Nam qui consilio est nocens,
illum esse quavis dignum poena iudico.

---

calvus: Kahlkopf
musca: Fliege, Mücke
mordēre, momordī, morsum: beißen, stechen
nūdāre: entblößen
captāre: greifen nach, versuchen
alapam dūcere: eine Ohrfeige geben
irrīdēre, rīsī, rīsum: (aus-)lachen, (ver-)spotten
pūnctum: Stich
volucer parvulus: (ganz kleiner Geflügelter =) Mücke
ulcīscī, ultus sum: rächen, bestrafen
addideris: *übersetze mit Ind.*
contumēlia: Misshandlung, Schmach
in grātiam redīre: sich aussöhnen
mēns, mentis *f.*: *hier*: Absicht
animal, ālis *n.*: Lebewesen
sanguis, inis *m.*: Blut
vel: oder, sogar
incommodum: Nachteil, Unannehmlichkeit
hoc argūmentum …: *erg.* ei
venia: Erlaubnis, Verzeihung
quīvīs, quaevīs, quodvīs: jeder beliebige

---

1 Erstelle aus lateinischen Begriffen der Fabel 20 ein Wortfeld zu dem Thema »Recht, Gericht, Gerechtigkeit«. Ergänze dieses Wortfeld anschließend mit weiteren dir bekannten lateinischen Begriffen.

2 (a) Fasse die einzelnen Etappen dieses »Rechtsstreites« in knappen Thesen zusammen. – (b) Beschreibe, wie die Mücke und der Kahlkopf jeweils die beiden Handlungen – das Stechen und den Versuch des Abklatschens – bewerten. Belege die Aussagen mit Zitaten aus dem lateinischen Text.

3 Setze dich mit der Behauptung auseinander, nur wer absichtlich, juristisch gesprochen: »vorsätzlich«, eine Tat begehe, könne zur Rechenschaft gezogen werden; unabsichtliche bzw. versehentliche Fehltaten seien zu entschuldigen.

21 Serpens: misericordia nociva

Qui fert malis auxilium, post tempus dolet.

Gelu rigentem quidam colubram sustulit

sinuque fovit, contra se ipse misericors:

Namque ut refecta est, necuit hominem protinus.

5 Hanc alia cum rogaret causam facinoris,
respondit: »Ne quis discat prodesse improbis.«

serpēns, entis *m./f.*: Schlange
misericordia: Mitleid
nocīvus: schädlich
post tempus = posteā
gelū, ūs *n.*: Kälte, Frost
rigēre: starr/steif sein
colubra: Schlange, Natter
sinus, ūs *m.*: Krümmung, Falte des Gewands
fovēre, fōvī, fōtum: hegen, wärmen
contrā sē: zum eigenen Nachteil
misericors, cordis: mitleidig
reficere, ficiō, fēcī, fectum: wiederherstellen; *Pass.*: sich erholen
necuī = necāvī
prōtinus: sogleich
facinus, noris *n.*: Tat, Untat

Aus der »Bergpredigt« (Matthäus 5,38ff., auszugsweise):

»Ihr habt gehört, es ward gesagt: Auge um Auge und Zahn um Zahn. Ich aber sage euch: Leistet dem Bösen keinen Widerstand; vielmehr schlägt dich einer auf deine rechte Wange, so halte ihm auch die andere hin …«

»Ihr habt gehört, es ward gesagt: Du sollst deinen Nächsten lieben, doch hassen magst du deinen Feind. Ich aber sage euch: Liebet eure Feinde, tut Gutes denen, die euch hassen, und betet für die, die euch verfolgen …«

1 (a) Wie wird die Schlange charakterisiert, wie der Mensch? – (b) Vergleiche mit anderen Geschichten, in denen Schlangen vorkommen, z.B. mit der Schöpfungsgeschichte des Alten Testaments.
2 Denke dir Fallbeispiele aus, auf die du die Moral von Fabel 21 anwendest; vergleiche mit Matthäus 5,38ff., man solle auch seine Feinde lieben.
3 Eine kleine Formenübung: Ändere bei allen finiten Verbformen aus Fabel 21 das Tempus: Aus Präsens wird Perfekt, aus Vergangenheitsformen wird Präsens; Person, Numerus, Modus und Genus verbi bleiben erhalten.

22 Aesopus respondet garrulo

garrulus: Schwätzer

Aesopus domino solus cum esset familia,
parare cenam iussus est maturius.
Ignem ergo quaerens aliquot lustravit domus
tandemque invenit, ubi lucernam accenderet.

5 Tum circumeunti fuerat quod iter longius,
effecit brevius: Namque recta per forum
coepit redire. Et quidam e turba garrulus:

»Aesope, medio sole quid cum lumine?«
»Hominem«, inquit, »quaero« et abiit festinans domum.

10 Hoc si molestus ille ad animum rettulit,
sensit profecto se hominem non visum seni,
intempestive qui occupato alluserit.

sōlus erat familia: er vertrat allein die Dienerschaft
mātūrius: *zum Komparativ s. Informationstext S. 15*
aliquot *Adv., undekl.*: einige
lūstrāre: durchwandern
domūs = domōs
invēnit: *erg.* domum
lucerna: Lampe
accendere, cendī, cēnsum: anzünden
efficere, ficiō, fēcī, fectum: bewirken, machen
namque: denn
rēctā (*erg.* viā): direkt
turba: Getümmel, Menge
quid: *erg.* facis, vīs o.Ä.
lūmen, minis *n.*: Licht, Leuchte
festīnāre: sich beeilen
molestus: lästig
ad animum referre: sich zu Herzen nehmen
profectō *Adv.*: sicherlich
nōn vīsum: *erg.* esse
senex, senis *m./f.*: Greis(in)
intempestīvus: zur Unzeit
occupātus: beschäftigt
alicui allūdere, lūsī, lūsum: jdn. scherzend ansprechen
allūserit: *übersetze mit Ind.*

Diogenes von Sinope und die Kyniker

Auf Diogenes' (4. Jh. v.Chr.) Grabmal soll ein Hund dargestellt gewesen sein als Anspielung auf die philosophische Denkrichtung, der er angehörte: die Kyniker (griech. *kyon* = Hund). Die Kyniker wollten möglichst unabhängig, autark, leben (griech. *autarkeia* = Selbstgenügsamkeit). Das bedeutete eine weitgehende Ablehnung sowohl von menschlichen Bindungen als auch von weltlichem Besitz. So soll Diogenes in einem Fass gehaust haben und beim Anblick eines Jungen, der Wasser aus der hohlen Hand trank, seinen Trinkbecher weggeworfen haben. Die Kyniker versuchten auch ihre Mitbürger von einer anspruchslosen Lebensweise zu überzeugen. Als Alexander der Große (356–323 v.Chr.) Korinth eroberte und Diogenes einen Wunsch freigab, soll dieser geantwortet haben: »Gehe mir aus der Sonne.« Aus den Anekdoten, die über ihn berichten, spricht vor allem beißende Kritik an den Menschen seiner Zeit. – Vor diesen geistigen Hintergrund verlegt Phaedrus die Reaktion Aesops (6. Jh. v.Chr.) in unserer Fabel.

Teil des Forum Romanum, Rom.

1 Die Fabel beschreibt einen Ausschnitt aus dem alltäglichen Leben in einer antiken Stadt: Welche Informationen über dieses Leben erhalten wir?
2 In welcher Rolle wird Phaedrus' Vorbild Aesop hier vorgeführt? Belege deine Antwort mit Verben aus dem lateinischen Text.
3 Mit welchen lateinischen Ausdrücken wird Aesops »Gesprächspartner« charakterisiert?
4 (a) Was macht den »Schwätzer« für Aesop »unmenschlich«? – (b) Ist diese Einschätzung angemessen? Wen bezeichnest du als unmenschlich, wen als menschlich?
5 Lies den Informationstext: Was hältst du von der Lebensweise eines Diogenes? Begründe deine Antwort.
6 Handelt es sich bei dieser Erzählung des Phaedrus überhaupt um eine Fabel? Begründe deine Antwort.

23 Aesopus et servus profugus

profugus: flüchtig

Non esse malo addendum malum.

nōn esse: *mache abh. von* fābula docet

Servus profugiens dominum naturae asperae
Aesopo occurrit notus e vicinia.

profugere, iō, fūgī + *Akk.*: davonlaufen vor, flüchten vor
nōtus: bekannt
vīcīnia: Nachbarschaft
cōnfūsus: verwirrt, verstört

»Quid tu confusus?« »Dicam tibi clare, pater –
5 hoc namque es dignus appellari nomine,
tuto querela quia apud te deponitur:
Plagae supersunt, desunt mihi cibaria.
Subinde ad villam mittor sine viatico.
Domi si cenat, totis persto noctibus;
10 sive est vocatus, iaceo ad lucem in semita.

namque: denn
tūtō: *Adv. zu* tūtus
dēpōnere, posuī, positum: ablegen, verwahren
plāga: Hieb, Schlag
superesse: *hier*: im Überfluss vorhanden sein
cibāria, ōrum *n.*: Lebensmittel
subinde: immer wieder
vīlla: *(auf dem Lande!)*
viāticum: Reisegeld, Wegzehrung
perstāre: stehen bleiben
sīve: oder wenn
vocāre: *hier*: einladen
lūx: *hier*: Morgengrauen
sēmita: Weg, Straße

Emerui libertatem, canus servio.
Ullius essem culpae mihi si conscius,
aequo animo ferrem; numquam sum factus satur
et super infelix saevum patior dominum.
15 Has propter causas et quas longum est promere
abire destinavi, quo tulerint pedes.«

ēmerēre, meruī, meritum: verdienen
cānus: grauhaarig
cōnscius: mitwissend, bewusst
satur, a, um: satt
super *Adv.*: überdies, dazu noch
et: *erg.* propter eās,
longum est: es wäre zu weitläufig
prōmere: vorbringen
dēstināre: beschließen
tulerint: *übersetze wie* ferunt

»Ergo«, inquit, »audi: Cum mali nil feceris,
haec experiris, ut refers, incommoda;
quid, si peccaris? Quae te passurum putas?«

nīl = nihil
experīrī, pertus sum: erfahren
peccāris = peccāveris: *übersetze:* falls du ... hättest

20 Tali consilio est a fuga deterritus.

tālis: so beschaffen, solch
dēterrēre, terruī, territum: abschrecken, abhalten

Die Freilassung von Sklaven

Sklaven wurden schon in frühester Zeit als billige Arbeitskräfte eingesetzt und waren im klassischen Griechenland Bestandteil wohlhabender Haushalte. Hier wurden sie mit allerlei Besorgungen ums Haus und um die Familie betraut: Sie arbeiteten als Ärzte, Lehrer, Köche oder Verwalter von Landgütern ebenso wie als einfache Hausbedienstete – letztere waren zum Großteil Frauen. Meist waren es Sklaven in besonderer Vertrauensstellung, die ihren Herrn persönlich begleiteten, wenn er ausging. Dennoch war es im Griechenland des 5. und 4. Jahrhunderts eher selten, dass ein Sklave nur wegen seines langjährigen Dienstes freigelassen wurde. In Rom hingegen war die Praxis der Freilassung *(manumissio)* schon vor Augustus (31 v.Chr.–14 n.Chr.) weit verbreitet: Viele Sklaven konnten Geld verdienen und damit früher oder später ihre Freiheit erkaufen. Sie wurden unmittelbar darauf sogar römische Bürger *(cives Romani)* mit nur geringfügig eingeschränkten Rechten im Vergleich zu gebürtigen Römern. Der ehemalige Herr wurde dann zum *patronus*, zu dem eine enge Beziehung, verbunden mit Rechten und Verpflichtungen, bestehen blieb. Auch nahm der Freigelassene *(libertus)* oft den Geschlechtsnamen *(nomen gentile)* seines Ex-Herrn an. Einen Anspruch auf Freilassung gab es allerdings nicht; die Behandlung der Sklaven hing sehr von ihren Herren ab.

1 (a) Lege eine dreispaltige Tabelle an: Trage links die lateinischen Begriffe ein, die den Herrn charakterisieren, rechts die, die den Sklaven kennzeichnen, und in der mittleren Spalte die Begriffe, die Aussagen über das Verhältnis zwischen Sklaven und Herrn machen. – (b) Welche Stilmittel setzt Phaedrus ein, um das Verhalten des Herrn gegenüber seinem Sklaven plastisch darzustellen?
2 Hältst du die Klagen des Sklaven für berechtigt? Lies hierzu auch den Informationstext.
3 Erläutere die Antwort, die Aesop dem Sklaven gibt. Nimm Stellung dazu. Vergleiche anschließend Aesops Auftreten in dieser Fabel mit dem in Fabel 22.

24 Arbores in deorum tutela

tūtēla: Vormundschaft, Schutz

Olim, quas vellent esse in tutela sua,
divi legerunt arbores. Quercus Iovi
et myrtus Veneri placuit, Phoebo laurea,
pinus Cybebae, populus celsa Herculi.

dīvus: göttlich
dīvī = deī
legere, lēgī, lēctum: sammeln, (aus)lesen; *hier*: auswählen
quercus, ūs *f.*: Eiche
myrtus, ī *f.*: Myrtenbaum
Phoebus = Apollō
laurea: Lorbeerbaum
pīnus, ūs *f.*: Fichte, Pinie
Cybēbē *u.* Cybelē, ae *f.*: Cybele, *s. Informationstext*
pōpulus, i *f.*: Pappel
celsus: erhaben, hoch
Herculēs, is *m.*: *Sagenheld, nach seinem Tod vergöttlicht*

5 Minerva admirans, quare steriles sumerent,
interrogavit. Causam dixit Iuppiter:

»Honorem fructu ne videamur vendere.«
»At, mehercules, narrabit, quod quis voluerit,
oliva nobis propter fructum est gratior.«

admīrāri: bewundern, sich wundern
quārē *Adv.*: wodurch, warum
sterilis, e: unfruchtbar, fruchtlos
frūctus, ūs *m.*: Ertrag, Frucht

At …: *Minerva spricht*
meherculēs: beim Hercules!
quis = aliquis; *übersetze als Subj. zu* nārrābit
olīva: Ölbaum, Olivenbaum
nōbīs: *hier*: = mihi
grātus: dankbar, angenehm

10 Tunc sic deorum genitor atque hominum sator:
»O nata, merito sapiens dicere omnibus!
Nisi utile est, quod facimus, stulta est gloria.«

genitor, ōris *m.*: Erzeuger, Vater
sator, ōris *m.*: Säer, Schöpfer
nāta = filia
sapiēns, entis: weise, klug
dīcēre = dīcēris
omnibus *Dat. auctoris* = ab omnibus

Cybele wurde 204 v. Chr. in Rom offiziell als Göttin eingeführt. Ihr Kult kam aus Phrygien, wo sie als Berggöttin, Göttermutter, Magna Mater und Fruchtbarkeitsgöttin verehrt wurde. Ihr Fest, die *ludi Megalenses*, wurde vom 4.–10. April gefeiert. Die Römer sahen in ihr die Patronin ihrer trojanischen Vorfahren. Ihre Priester und Anhänger feierten sie mit Musik und Tanz, die sie bis zur Ekstase betrieben. In der Geschichte Roms wurden oft Götter und Kulte aus entfernten Gebieten des Reiches angenommen.

1. Erkläre die Funktionen der Konjunktive in v. 1 und v. 5.
2. Untersuche die Reihenfolge, die der Dichter bei der Aufzählung der Götter und »ihrer« Bäume (vv. 2–4) wählt.
3. Lass die Fabel nach v. 7 enden und erkläre mit eigenen Worten die Kernaussage des Textes bis zu diesem Punkt.
4. Ordne folgende Standpunkte den entsprechenden Aussagen in der Fabel zu: (a) Bäume werden ausgewählt im Hinblick auf Ehre und Nutzen. – (b) Bäume werden nur der Früchte wegen ausgewählt. – (c) Bäume werden nur der Ehre wegen ausgewählt. – Überlege dir drei Handlungen, die in der heutigen Zeit von dir oder anderen ausgeführt werden könnten, die jeweils einem der Standpunkte (a) bis (c) entsprechen.

5.

Ordne den Symbolen die Götternamen zu und nenne die zugehörigen Aufgabenbereiche: (1) Iuppiter; (2) Iuno; (3) Minerva; (4) Mars; (5) Venus; (6) Mercurius; (7) Diana; (8) Apollo; (9) Ceres; (10) Vulcanus; (11) Neptunus; (12) Bacchus.

25 De oraculo Apollinis

»Utilius nobis quid sit, dic, Phoebe, obsecro,
qui Delphos et formosum Parnasum incolis.«

Quid hoc? Sacratae vatis horrescunt comae,
tripodes moventur, mugit adytis Religio
5 tremuntque lauri et ipse pallescit dies.

Voces resolvit icta Pytho numine:

»Audite, gentes, Delii monitus dei:
Pietatem colite; vota superis reddite;
patriam, parentes, natos, castas coniuges
10 defendite armis, hostem ferro pellite;
amicos sublevate; miseris parcite;
bonis favete, subdolis ite obviam;
delicta vindicate; cohibete impios;
punite turpi thalamos qui violant stupro;
15 malos cavete; nulli nimium credite.«

Haec elocuta concidit virgo furens:
furens profecto, nam quae dixit, perdidit.

Phoebus: Beiname Apollos
obsecrāre: beschwören, anflehen
Delphī, ōrum *m.*: Orakelsitz; *s. Informationstext*
fōrmōsus: schön
Parnāsus: Parnass *(Gebirge in Phokis, Musensitz)*
incolere, coluī, cultum: (be-)wohnen
sacrātus: geweiht, göttlich
vātēs, is *m./f.*: Seher/in
horrēscere: sich sträuben
coma: Haar
tripūs, podis *m.*: Dreifuß *(Weissagestuhl)*
mūgīre: brüllen, dröhnen
adytum: Allerheiligstes, Innerstes
Religiō *personifiziert*: Gottheit
tremere: beben, zittern
laurus, ī *f.*: Lorbeerbaum
pallēscō: bleich werden
vōcēs resolvere: die Stimme ertönen lassen
īcere, iō, īcī, ictum: treffen
Pýthō, ūs *f.*: ältester Name Delphis = das Orakel
nūmen, nūminis *n.*: Gottheit, göttliche Macht
Dēlius: delisch *(Apollo ist auf der Insel Delos geboren)*
monitus, ūs *m.*: Warnung, Mahnung
vōtum: Gebet, Gelübde
superī: (die Oberen =) die Götter
vōta reddere: Gelübde erfüllen
parentēs, um *m.*: Eltern
nātī: Kinder, Nachkommen
castus: enthaltsam, keusch
coniūnx, iugis *f.*: Gattin
pellere, pepulī, pulsum: schlagen, vertreiben
sublevāre: aufrichten, unterstützen
parcere, pepercī + *Dat.*: sparen, schonen
favēre, fāvī, fautum + *Dat.*: begünstigen
subdolus: hinterlistig
obviam īre: entgegengehen
dēlictum: Fehler, Vergehen
vindicāre: befreien, bestrafen
cohibēre, uī, itum: zurückhalten
impius: gottlos
Ordne: punite (*erg.* eos), qui turpi …
thalamus: Schlafgemach, Ehe(bett)
stuprum: Unzucht, Ehebruch
nimium *Adv.*: (allzu) sehr
ēloquī = loquī
concidere, cidī: zusammenbrechen
furere: rasen, verrückt sein
perdere: *hier*: vergeuden, umsonst sagen

Seher und Orakel

Die Menschen hatten schon immer den Wunsch den Willen der Götter sowie die Zukunft zu erfahren. Für die Römer waren dabei allerlei Zeichen und Beobachtungen von Bedeutung: Blitz, Donner und andere Geräusche, ein Niesen, missgestaltete Wesen … An der ältesten Orakelstätte Griechenlands, dem Zeusheiligtum von Dodona in Epirus/Nordgriechenland, wahrsagten Priester aus dem Rauschen der dem Zeus geweihten Eichen. Auch am Vogelflug versuchte man den Willen der Götter zu erkennen. Ebenso galten die Eingeweide frisch geschlachteter Tiere als aussagekräftig. Am ehesten noch passt die Traumdeutung in unsere heutige Vorstellung; allerdings versprechen wir uns von ihr eher Aussagen über Vergangenes und Verdrängtes, während sich nach römischem Verständnis aus Träumen auf Zukünftiges schließen ließ. Apollon, der den Willen des Zeus überbrachte, wurde so zum Gott der Wahrsagung schlechthin. Sein Heiligtum am Fuße des Parnass in Mittelgriechenland war die berühmteste Orakelstätte der Antike. Die Pythia, eine einfache, aber unbescholtene delphische Bäuerin, diente, auf einem Dreifuß sitzend, als eine Art Medium, das in einem Zustand des Außer-sich-Seins (griech. *enthusiasmos*, Trance oder Selbsthypnose) prophetisch sprach. Die Prophetensprüche kosteten eine Gebühr; manche größere Stadt richtete in Delphi gleich ein ganzes Schatzhaus ein. Priester begleiteten die Befragenden und übersetzten Pythias Sprüche in eine verständliche Sprache. Auch vor wichtigen politischen Entscheidungen wurde oft das Orakel befragt – und oft genug missgedeutet.

1 Beschreibe die Reaktion der gesamten Umgebung auf die Anfrage an das Orakel: Stelle dazu die entsprechenden lateinischen Ausdrücke zusammen und fass mit eigenen Worten das Geschehen zusammen. Worauf sollen die unheimlichen Vorgänge hindeuten?
2 (a) Ordne die Mahnungen und Gebote der Seherin nach Sachgebieten (z.B. Staat, Familie …); zitiere zu jedem Gebiet die zugehörige Vorschrift auf Lateinisch. – (b) Untersuche die rhetorische Ausgestaltung des Orakelspruchs, indem du die verwendeten Stilmittel aufzeigst und benennst. – (c) Vergleiche die Gebote mit den Zehn Geboten.
3 Antwortet das Orakel exakt auf die eingangs gestellte Frage? Begründe deine Antwort.
4 (a) Beschreibe das Wortspiel in den letzten zwei Versen. – (b) Welches Bild vom Menschen spricht aus dem letzten Vers?

Zu allen Fabeln dieser Ausgabe
5 Ordne alle Fabeln in Gruppen; Ordnungskriterium seien zunächst die Handlungsträger. Nach welchen anderen Kriterien könnte man einteilen?
6 Schreibe in Anlehnung an Phaedrus zu einem Thema, das dich besonders interessiert, eine Fabel auf Deutsch.

Lernwortschatz

A

accēdere, cessī, cessum	herantreten
accendere, cendī, cēnsum	anzünden
acerbus	scharf, bitter, sauer
aditus, ūs *m.*	Eingang
admīrābilis, e	bewundernswert
admīrārī	bewundern, sich wundern
admonēre	mahnen, erinnern
advolāre	herbeifliegen, -eilen
aequō animō	mit Gleichmut
āiō, ais, ait, āiunt	bejahen, behaupten
aliquot *Adv., undekl.*	einige
altus	hoch, tief
an *als Einleitung einer abh. Frage*	ob
animal, ālis *n.*	Lebewesen
aquila	Adler
argūmentum	Beweis, Geschichte
āridus	trocken, dürr
asper	rau
aspicere, iō, spexī, spectum	erblicken
attingere, tigī, tāctum	berühren, erreichen
auris, is *f.*	Ohr
avidus	gierig
avis, is *f.*	Vogel

B

bibere, bibī	trinken
bis *Adv.*	zweimal
bōs, bovis *m./f.*	Rind

C

calamitās, ātis *f.*	Schaden, Unglück
callidus	schlau, gewandt
canis, is *m. u. f.*	Hund
captāre	greifen nach, versuchen
castus	enthaltsam, keusch
casus, ūs *m.*	Fall, Zufall; *Pl.*: Schicksal
catēna	Fessel, Kette
celeber, bris, bre	feierlich, festlich
cervīx, īcis *f.*	Hals, Nacken
cohibēre, uī, itum	zurückhalten
collum	Hals
comes, comitis *m./f.*	Begleiter(in)
concidere, cidī	zusammenbrechen
condiciō, ōnis *f.*	Bedingung, Lage
cōnfectus	erschöpft
coniūnx, iugis *f.*	Gattin
cōnscius	mitwissend, bewusst
cōnsīdere, sēdī, sessum	sich niederlassen, sich setzen
cōnsōlārī	trösten
cōnspicere, spiciō, spexī, spectum	erblicken
contendere, tendī	sich anstrengen, eilen, kämpfen, behaupten
contentus	zufrieden
contumēlia	Misshandlung, Schmach
convīva, ae *m.*	Gast
cōpiōsus	reichlich
cornu, ūs *n.*	Heeresflügel, Horn
crēdere, crēdidī, crēditum	anvertrauen, glauben
cursus, ūs *m.*	Lauf
cūstōs, ōdis *m./f.*	Wächter(in)
cutis, is *f.*	Haut

D

dēcipere, iō, cēpī, ceptum	täuschen

decus, coris *n.*	Ehre, Zierde, Schönheit	fraus, fraudis *f.*	Betrug, Schaden
deinde	darauf, ferner	frūctus, ūs *m.*	Ertrag, Frucht
dēns, dentis *m.*	Zahn	fruī, frūctus sum	genießen
dēpōnere, posuī, positum	ablegen, verwahren	frūstrā	vergeblich, umsonst
dēspicere, spiciō, spēxī, spectum	herabsehen, verachten	furere	rasen, verrückt sein
dēstināre	beschließen	**G**	
dēterrēre, terruī, territum	abschrecken, abhalten	gradus, ūs *m.*	Rang, Schritt
dīmittere, mīsī, missum	wegschicken, fallen lassen	grātiā + *Gen.*	wegen, um … willen
dīvus	göttlich	grātus	dankbar, angenehm
dulcis, e	süß, lieblich		
		H	
E		haerēre, haesī, haesum	hängen, stecken bleiben
ēdere, didī, ditum	herausgeben, von sich geben	hinc	von hier, hieraus
efficere, ficiō, fēcī, fectum	bewirken, machen	**I**	
effigiēs, ēī *f.*	Bild, Abbild	iacere, iō, iēcī, iactum	werfen
ēmittere, mīsī, missum	losschicken, loslassen	iacēre, uī	(da)liegen
ergō *Adv.*	deshalb, also	īcere, iō, īcī, ictum	treffen
excipere, cipiō, cēpī, ceptum	aufnehmen	ideō *Adv.*	deshalb
exemplum	Vorbild, Beispiel	imber, bris *m.*	Regen
experīrī, pertus sum	erfahren	imitārī	nachahmen
		impius	gottlos
F		improbus	schlecht, unredlich
fābula	Geschichte, Erzählung	in grātiam redīre	sich aussöhnen
facinus, noris *n.*	Tat, Untat	incolere, coluī, cultum	(be-)wohnen
famēs, is *f.*	Hunger	incolumis, e	unversehrt
fātum	Götterspruch, Schicksal	incommodum	Nachteil, Unannehmlichkeit
favēre, fāvī, fautum + *Dat.*	begünstigen	indīgnārī	entrüstet sein
ferus	wild(es Tier)	indīgnus	unwürdig
fingere, fīnxī, fictum	bilden, erdichten	ingenium	Begabung, Genie
flāgitāre	(heftig) fordern	inops, pis	mittellos, bedürftig
flēre, flēvī, flētum	(be)weinen	īnscius	unwissend, unkundig
fōns, fontis *m.*	Quelle	intellegere, lēxī, lēctum	bemerken, einsehen
fovēre, fōvī, fōtum	hegen, wärmen		

intendere, tendī, tentum	anspannen
interficere, iō, fēcī, fectum	töten
invidia	Neid
invītus	unwillig, ungern
īrācundus	jähzornig
irrīdēre, rīsī, rīsum	(aus-)lachen, (ver-)spotten
iūs iūrandum	Eid, Schwur

L

lacerāre	zerfleischen
lacessere, lacessīvī, lacessītum	reizen, angreifen
lacus, ūs *m.*	See, Teich
laedere, laesī, laesum	verletzen, beleidigen
laetārī	sich freuen
largus	freigebig, reichlich
latrō, ōnis *m.*	Straßenräuber
lātus	weit, breit
legere, lēgī, lēctum	sammeln, (aus)lesen
levāre + *Dat.*	heben auf etw.
levis, e	leicht
līberī	Kinder
licentia	Willkür, Freiheit
līmen, minis *n.*	Schwelle, Eingang
līs, lītis *f.*	Streit
longē	weit, bei weitem
longitūdō, dinis *f.*	Länge;
lūctus, ūs *m.*	Trauer
lūmen, minis *n.*	Licht, Leuchte
lupus	Wolf

M

maestus	betrübt
māgnitūdō, dinis *f.*	Größe
mātūrus	reif, zeitig, früh
meminisse	gedenken, sich erinnern
mēnsa	Tisch, Essen
mercēs, mercēdis *f.*	Lohn, Preis, Sold
meritō *Adv.*	zu Recht
meritum	Verdienst, Leistung
mīlle	tausend, unzählige
minus	weniger
mīrārī	sich wundern, bewundern
misericordia	Mitleid
molestus	lästig
mōlīrī, mōlītus sum	unternehmen, beabsichtigen
monēre, monuī, monitum	erinnern, (er)mahnen
morī, morior, mortuus sum	sterben

N

nātāre	schwimmen
nec = neque	
neglegere, lēxī, lēctum	nicht beachten
nītī, nīsus/nīxus sum	sich anstrengen, sich stützen auf
nix, nivis *f.*	Schnee
nocēre, uī, itum	schaden
nōtus	bekannt
nōvisse	kennen, wissen
nūdāre	entblößen
nūllī	*Dat.*, nūllīus *Gen. zu* nūllus
nūmen, nūminis *n.*	Gottheit, göttliche Macht
nummus	Münze; *Pl.:* Geld

O

obnoxius	verpflichtet, ausgesetzt
obsecrāre	beschwören, anflehen
obviam īre	entgegengehen
occupātus	beschäftigt
occurrere, (cu)currī, cursum	entgegenlaufen
ōmen, ōminis *n.*	Wahrzeichen, Vorzeichen
onus, oneris *n.*	Last

orīrī, ortus sum	sich erheben, entstehen
ostendere, tendī	entgegenstrecken, zeigen
ōtiōsus	müßig, in Ruhe

P

pānis, is *m.*	Brot
parcere, pepercī + *Dat.*	sparen, schonen
parentēs, um *m.*	Eltern
patī, patior, passus sum	zulassen, ertragen
peccāre	sündigen, einen Fehler machen
pellere, pepulī, pulsum	schlagen, vertreiben
pellis, is *f.*	Pelz, Fell, Haut
peregrīnus	fremd, ausländisch
permovēre, mōvī, mōtum	bewegen, veranlassen
pessimus	*Superlativ/Elativ zu* malus
pingere, pīnxī, pictum	(be)malen
placidus	freundlich, still
plānē	durchaus
potēns, entis	mächtig
potior, ius	wichtiger, lieber
praeda	Beute
precēs, precum *f. Pl.*	Bitten
pretium	Preis, Lohn
prīmum *Adv.*	zum ersten Mal, erstens
prior, oris	der erstere, frühere, vorzüglichere
prīstinus	früher(er)
procēdere, cessī, cessum	vorwärts gehen
profectō *Adv.*	sicherlich
profugere, iō, fūgī + *Akk.*	davonlaufen vor, flüchten vor
proprius	eigen(tümlich)
prūdens, ntis	klug

Q

quaesō	bitte (schön)
quantus	wie groß, wie viel
quārē *Adv.*	wodurch, warum
querēla	Klage
quī, quae, quod *(in Frage oder Ausruf)*	welcher
quia	weil
quicquid	was auch immer; alles, was
quidquid	was auch immer; alles, was
quiēscere, quiēvī, quiētum	(aus)ruhen
quiētus	ruhig
quisquam/ quicquam	jemand/etwas
quisque, quaeque, quidque/quodque	jeder
quivīs, quaevīs, quodvīs	jeder beliebige
quondam *Adv.*	einst
quoniam	da (ja)

R

reficere, ficiō, fēcī, fectum	wiederherstellen; *Pass.:* sich erholen
rēgnāre	herrschen, König sein
reperīre, repperī, repertum	finden, wiedergewinnen
respōnsum	Antort, Bescheid
rumpere, rūpī, ruptum	(zer)brechen, zerreißen
rūrsus	rückwärts, wieder

S

saevus	wild, wütend
salīre, saluī	springen
sanguis, inis *m.*	Blut
sapiēns, entis	weise, klug
satiāre	sättigen
sēdāre	beruhigen, stillen
sēdēs, is *f.*	(Wohn-)Sitz
senex, senis *m./f.*	Greis(in)

serpēns, entis *m./f.*	Schlange
sērus	spät, zu spät
servitūs, ūtis *f.*	Sklaverei
sīc	so
sīdus, deris *n.*	Stern
similis, e	ähnlich
simplex, plicis	einfach, schlicht
simul	zugleich, sogleich
simul(ac), simulatque	sobald
simulācrum	Bild
singulī	Einzelne
sinus, ūs *m.*	Krümmung, Falte des Gewands
sitis, is *f.*	Durst
sīve … sīve …:	sei es (dass) … sei es (dass) …
sōl, sōlis *m.*	Sonne (*als Person*: Sonnengott)
solēre, solitus sum	gewohnt sein
sonāre, sonuī	tönen
sonus	Laut, Klang
speciēs, ēī *f.*	Aussehen, Schönheit
splendor, ōris *m.*	Glanz, Ansehen
spoliāre	(be)rauben
sub + *Abl.*	unter
sublevāre	aufrichten, unterstützen
sūmere, sūmpsī, sūmptum	(an sich) nehmen
super *Präp. m. Akk.*	über (hinaus)

T

tālis	so beschaffen, solch
tantum	so viel
tantum *Adv.*	nur
taurus	Stier
tēctum	Dach
tēlum	Geschoss
temptāre	versuchen, betasten
torquēre, torsī, torsum	drehen, foltern, quälen
tuērī	beschützen
tunc *Adv.*	damals, dann
turba	Getümmel, Menge
turbāre	verwirren, aufwühlen
turpis, e	hässlich, schändlich
tūtēla	Vormundschaft, Schutz
tūtus	geschützt, sicher

U

ulcīscī, ultus sum	rächen, bestrafen
unde	von wo, woher
ut + *Ind.*	als, sobald
uxor, ōris *f.*	Gattin

V

vadum	flaches Wasser, Furt
vagārī	umherschweifen
validus	gesund, stark
vātēs, is *m./f.*	Seher/in
vel	oder, sogar
vēnārī	jagen
venia	Erlaubnis, Verzeihung
venter, ventris *m.*	Bauch, Magen
vērō	1. vollends 2. aber, jedoch
vērum	aber, jedoch
vigilāre	wachen, wachsam sein
vīlis, e	billig, wertlos
vindicāre	befreien, bestrafen
vīnea	Weinberg
vituperāre	tadeln
vix	kaum
volucer, cris, cre	geflügelt
voluptās, ātis *f.*	Vergnügen, Lust
vōtum	Gebet, Gelübde
vulpēs, is *f.*	Fuchs